www.ingramcontent.com/pod-product-compliance
Lightning Source LLC
LaVergne TN
LVHW010552070526
838199LV00063BA/4946
9789358728200

انشائے عصر

(انشائیے و مزاحیہ مضامین)

ڈاکٹر محمد اسلم فاروقی

© Taemeer Publications

Insha e Asr *(Light Essays)*
by: Dr. Mohammed Aslam Faroqui
Edition: January '2024
Publisher & Printer:
Taemeer Publications, Hyderabad.

ISBN 978-93-5872-820-0

مصنف یا ناشر کی پیشگی اجازت کے بغیر اس کتاب کا کوئی بھی حصہ کسی بھی شکل میں بشمول ویب سائٹ پر اَپ لوڈنگ کے لیے استعمال نہ کیا جائے۔ نیز اس کتاب پر کسی بھی قسم کے تنازع کو نمٹانے کا اختیار صرف حیدرآباد (تلنگانہ) کی عدلیہ کو ہو گا۔

© تعمیر پبلی کیشنز

کتاب	:	**انشائے عصر** (انشائیے و مزاحیہ مضامین)
مصنف	:	ڈاکٹر محمد اسلم فاروقی
صنف	:	نثری مضامین
ناشر	:	تعمیر پبلی کیشنز (حیدرآباد، انڈیا)
سالِ اشاعت	:	۲۰۲۴ء
تعداد	:	(پرنٹ آن ڈیمانڈ)
صفحات	:	۱۰۲
کمپوزنگ	:	لولو گرافکس، فون: 9397994441
سرورق	:	تعمیر ویب ڈیزائن
ملنے کے پتے	:	ڈاکٹر محمد اسلم فاروقی، فون: 09247191548
		ہمالیہ بک ڈپو، نامپلی، حیدرآباد
		ھدیٰ بک ڈپو، پرانی حویلی، حیدرآباد

3

فہرست مشمولات

☆	پیش لفظ	06
☆	کچھ اس کتاب کے بارے میں	07
☆	شادی کی حماقتیں	08
☆	تم مرے پاس	15
☆	غازی آباد میں تاج محل	18
☆	لازمی شریک حیات	22
☆	گرمی کی راحتیں	26
☆	ماہ جون کی ظلمتیں	29
☆	اتوار کی اڈلی	33
☆	کتنے میں ملا	36
☆	ثواب کا کاروبار	39
☆	سوراخوں والی تھیلی	42
☆	ٹماٹر کی ناراضگی	45
☆	اردو تحقیق کا کارخانہ	48
☆	واٹس اپ مزدوری	52
☆	ایک گدھے کی سرگزشت	55

☆	نام میں سب کچھ رکھا ہے	60
☆	اقوال آٹو رکشا	63
☆	بیویوں کے پیشہ ورانہ غصے	66
☆	درد کے واسطے پیدا کیا انسان کو	69
☆	کچھ اساتذہ ایسے بھی	72
☆	گھر	75
☆	حیدرآباد میں دبئ	78
☆	کرسی صدارت	81
☆	جھوٹ کا کاروبار	84
☆	حیدرآبادی باتاں	87
☆	لیڈیز فرسٹ	90
☆	اچھے دن	93
☆	ماڈرن بھکاری	96
☆	نوٹوں کی گرمی	99

انتساب!

اُردو کے ان انشاء پردازوں کے نام
جن کی شگفتہ تحریروں نے مردہ دلوں کو
زندگی کی رمق اور مسرت کے لمحات فراہم کیے ہیں۔

ڈاکٹر محمد اسلم فاروقی

پیش لفظ

ڈاکٹر محمد اسلم فاروقی دور حاضر کے اردو کے سپاہی ہیں۔ پیشہ تدریس سے وابستہ رہنے کے بعد اب پرنسپل گورنمنٹ ڈگری کالج ظہیر آباد کے باوقار عہدے پر فائز ہیں۔ اور اردو زبان و ادب کے فروغ میں ہمہ تن مصروف ہیں۔ آئے دن اخبارات ورسائل اور سوشل میڈیا پر ان کے تحریر کردہ مضامین شائع ہوا کرتے ہیں۔ تحقیق وتنقید ان کا اوڑھنا بچھونا ہے۔ کئی ریسرچ اسکالرز کو پی ایچ ڈی کے حصول کے لیے رہبری کی ہے۔ ان دنوں تخلیقی ادب کی جانب قدم بڑھا رہے ہیں ان کے لکھے ہوئے انشائیے اور مزاحیہ مضامین پابندی کے ساتھ روز نامہ منصف کے زیرو زبر کالم میں شائع ہوکر مقبولیت حاصل کر رہے ہیں۔ زیر نظر تصنیف ''انشائے عصر'' ڈاکٹر محمد اسلم فاروقی کی پہلی تخلیقی تصنیف ہے اس سے قبل ان کے گیارہ کتابیں منظر عام پر آچکی ہیں۔ دور حاضر میں زندگی مسائل سے دوچار ہے مصروف زندگی میں مشاہدے کی گہرائی کے ساتھ اپنی بات کو مزاح کے پیرائے میں اسلوب کی چاشنی کے ساتھ پیش کرنا ایک بڑا فنکار ہی کر سکتا ہے۔ مزاح نگاری میں بہت کم نام اردو دنیا میں مشہور ہوئے ہیں۔ امید ہے کہ ڈاکٹر محمد اسلم فاروقی کے یہ انشائیے اور مزاحیہ مضامین قبولیت کا درجہ حاصل کریں گے۔ ان مضامین میں ہلکے پھلکے مزاح کے ساتھ عام آدمی کی زندگی کے مسائل کو خوش اسلوبی سے اجاگر کیا گیا ہے۔ پڑھنے والے ان مضامین میں اپنے مسائل کی عکاسی دیکھتے ہیں اس طرح ڈاکٹر محمد اسلم فاروقی نے سارے جہاں کے دکھ درد کو مزاح کا روپ دینے کی کوشش کی ہے۔ میں ان کی اس تصنیف کی اشاعت پر مبارکباد دیتا ہوں اور امید کرتا ہوں کہ اس کتاب کی پذیرائی ہوگی۔

پروفیسر محمد انور الدین

کچھ اس کتاب کے بارے میں

انشائے عصر میرے انشائیوں اور مزاحیہ مضامین کا مجموعہ ہے۔ انشائیہ نگاری یا مزاح نگاری ایک مشکل فن ہے۔ موجودہ دکھوں بھری زندگی میں مصائب و آلام اس قدر ہیں کہ انسان کو نہ خوشی کے کچھ پل دستیاب ہیں اور نہ وہ کسی کو اپنی باتوں سے مسکرانے کے لیے مجبور کرسکتا ہے۔ لیکن زندگی کو تو بہر حال جینا ہے اور اس بھاگ دوڑ کی زندگی میں کچھ پل مسکرانے کے ڈھونڈ لانا ہم ادیبوں کی ذمہ داری ہوسکتی ہے۔ اردو کے انشا پردازوں اور مزاح نگاروں میں مشتاق احمد یوسفی، کنہیا لال کپور، پطرس بخاری، فرحت اللہ بیگ، رشید احمد صدیقی، یوسف ناظم اور مجتبیٰ حسین جیسے عظیم نام ہیں جن کی تحریریں اس قابل ہیں کہ جب بھی انہیں پڑھا جائے ایک تازہ مسرت کا احساس ہوتا ہے۔ ان ہی مزاح نگاروں اور انشا پردازوں کی تحریریوں کو پڑھنے کے بعد مجھے بھی احساس ہوا کہ مضمون نگاری سے ایک قدم آگے بڑھاتے ہوئے کیوں نہ انشاء پردازی اور مزاح نگاری کی جانب قدم بڑھایا جائے۔ حیدر آباد سے جاری ہونے والے اخبار منصف کے ادارتی صفحہ پر زیرو زبر کے نام سے ایک مستقل کالم ہے جس میں انشایئے اور مزاحیہ مضامین شائع کیئے جاتے ہیں اس کالم کے لیے میں نے بھی سلسلہ وار مضامین لکھنے شروع کیے ہیں۔ ان مضامین میں روزمرہ زندگی کے موضوعات کو ہلکے پھلکے مزاح اور انشا پردازی کے رنگ میں پیش کرنے کی کوشش کی گئی ہے۔ ان مضامین کو لوگوں نے پڑھا اور فون کر کے اپنی پسند کا اظہار کیا ہے۔ امید ہے اس کتاب میں شامل مضامین باذوق احباب کو ضرور پسند آئیں گے۔ قارئین کی پسند ہی میری حوصلہ افزائی تصور ہوگی۔

ڈاکٹر محمد اسلم فاروقی

شادی کی حماقتیں

شادی کسی بھی انسان کی زندگی کا اہم موڑ ہوتی ہے۔ کہتے ہیں کہ شادی کے بعد انسان مکمل ہوتا ہے۔ اس لیے اپنی ذات کی تکمیل میں وہ ہمیشہ فکرمند رہتا ہے۔ دنیا کے سبھی نوجوان مرد اور عورت کے ذہنوں میں گشت کرنے والا اہم لفظ شادی ہوتا ہے۔ شادی ہر نارمل انسان کی زندگی کا سب سے خوبصورت حادثہ ہوتی ہے۔ شادی کے بارے میں مفکرین کی رائے جدا جدا ہے۔ جن کی شادی نہیں ہوتی انہیں اس بات کا افسوس رہتا ہے کہ ان کی شادی نہیں ہوئی۔ اور وہ رات دن کسی خوبصورت ساتھی کو شریک حیات بنانے کے خواب دیکھتے رہتے ہیں جب کہ شادی کے بعد ان کی حقیقت کچھ اور ہی ہوتی ہے۔ جن مردوں کی شادی ہو جاتی ہے اور بیوی ماشاءاللہ تیز ہوتی ہے۔ انہیں اس بات کا افسوس رہتا ہے کہ انہوں نے شادی کیوں کی۔ اسی طرح کہا گیا کہ شادی ایک ایسا قلعہ ہے جس میں رہنے والے باہر آنے کی اور باہر والے اندر جانے کی تمنا کرتے ہیں۔ یعنی مارے چین نہ مرے چین۔ شادی اور سیل فون کا بھی ایک رشتہ ہے اسمارٹ فون کے تیزی سے بدلتے ماڈلس کے زمانے میں نوجوانوں کو ہمیشہ یہ فکر لگی رہتی ہے کہ اگر ذرا ٹھہر جاتے تو بازار سے اچھے ماڈل کا فون مل جاتا۔ اپنی بیوی کے چہرے سے بیزار مرد بھی اکثر یہی سوچتے کہ کاش شادی میں مزید تاخیر کرتے تو اچھے ماڈل کی بیوی مل جاتی۔

شادی کا یہ سلسلہ دنیا کے آغاز سے رہا ہے۔ حضرت آدم علیہ السلام کی تخلیق کے بعد اللہ نے ان کا غم دور کرنے اور انہیں زندگی میں ساتھ دینے کے لئے اماں حوا کو پیدا کیا۔ کہا جاتا ہے کہ بی بی حوا کو آدم علیہ السلام کی ٹیڑھی پسلی سے پیدا کیا گیا۔ اس لئے عورت مرد کے لئے

ہمیشہ ٹیڑھی کھیر ہی ثابت ہوئی۔آدم وحوا سے جب دنیا کا کاروبار پھیلا تو شادی بیاہ کے معاملے میں انسان کو اپنی پسند ناپسند کا موقع ملا۔شادی دراصل ایک عہد نامہ ہے۔میاں اور بیوی کے درمیان کہ وہ زندگی کے ہر معاملے میں باہمی اتفاق سے رہیں گے۔لیکن شادی کے بعد زندگی بھر دونوں میں کسی بات پر اتفاق نہیں ہوتا۔اور دونوں میں سے کسی ایک کا انتقال ہوجائے تو دوسرا کہتا ہے کہ مرحوم اچھے انسان تھے اور مرنے والے میں بڑی خوبیاں تھیں۔ایک صاحب کی بیوی مرگئی تھی کسی نے دیکھا کہ اس کا شوہر اس کی بیوی کی قبر پر پنکھا کر رہا ہے لوگ سمجھنے لگے کہ کیا وفادار مرد ہے مرحوم بیوی کی قبر کو پنکھا کر رہا ہے جب کہ حقیقت یہ تھی کہ اس کی بیوی نے مرنے سے قبل اپنے شوہر کو تاکید کی تھی کہ جب تک میری قبر کی مٹی نہ سوکھے دوسری شادی نہ کرنا اور صاحب موصوف پہلی بیوی کی قبر سکھانے میں لگ گئے تھے۔سنا ہے کہ ایک عورت نے خدا سے شکایت کی کہ اس نے مرد کو طاقت ور کیوں بنایا تو خدا نے جواب دیا کہ تمہارا بوجھ اٹھانے۔شکایت کی کہ اسے دولت مند کیوں بنایا تو جواب ملا کہ تم پر لُٹانے کے لئے اور جب یہ شکایت کی کہ اسے بے وقوف کیوں بنایا تو جواب ملا کہ تم سے محبت کرے۔جب اگر کوئی شوہر بیوی کی یا بیوی شوہر کی تعریف کرنے لگے تو سمجھئے کچھ گڑبڑ ہے۔جہاں بیوی نے شوہر کی تعریف کی تو سمجھئے شوہر کی جیب خالی ہونے والی ہے اور شاپنگ کی فرمائش ہے۔اور اگر شوہر بیوی کی تعریف کرے تو سمجھئے کہ وہ رات گھر دیر سے لوٹنے والا ہے۔یا بیوی سے کہہ کر دوستوں کی دعوت کا پکوان کرانے والا ہے۔عورتوں کا دل جیتنے کے معاملے میں عامل حضرات بڑے کامیاب رہتے ہیں جب وہ کسی عورت سے کہتے ہیں کہ ان پر کسی کا سایہ ہوگیا ہے یا آپ کو کسی کی نظر لگی ہے۔ایک صاحب کو بازار میں دوسری عورتوں کو دیکھنے کی عادت یا یوں کہئے بیماری تھی۔ایک دن ان کی بیوی نے کہا کہ کیوں جی پرائی عورتوں کو گھورتے تمہیں شرم نہیں آتی۔تب چالاک شوہر نے معصومیت سے جواب دیا کہ میں دوسری عورتوں کو صرف اس لئے دیکھتا ہوں کہ کوئی عورت خوبصورتی میں تم سے زیادہ تو آگے نہیں۔اس طرح وہ بیوی کی تعریف کرکے پرائی عورتوں کو دیکھنے کا جواز پیدا کرلیتا

ہے۔ بیوی ٹوک ٹوک کر اپنے شوہر کی عادتوں کو بدلنے کی کوشش کرتی ہے۔اور جب وہ واقعی بدل جاتا ہے تو کہتی ہیں کہ اے جی آپ کتنے بدل گئے ہو۔شادی کے ابتدائی دنوں میں وہ بیوی سے پیار سے کہتا ہے کہ چلو شاپنگ کرتے ہیں۔ بعد میں جب وہ بیوی سے بیزار ہو جاتا ہے تو کہتا ہے لو یہ پیسے اور جاؤ شاپنگ کرلو مجھے دفتر کے کام ہیں۔ابتدا میں بیوی کے ہاتھ کے پکے کھانے کھا کر بے انتہا تعریف کرتا ہے بعد میں اچھے کھانے کھا کر کہتے پھر وہی ڈش کچھ تو نیا بنایا ہوتا۔شروع میں بیوی کو نئے جوڑے میں دیکھ کر اسے پرینکا' ایشوریہ اور ودیا بالن کہتا ہے۔ بعد میں بیوی کو نئے جوڑے میں دیکھتا ہے تو کہتا ہے کتنے کا ہے۔ کہتے ہیں خوبصورت بیوی وہ ہے جس کی ہر بات شوہر سنتا ہو اور خوب سیرت بیوی وہ ہے جو شوہر کی ہر بات سنتی ہو۔ایک خاتون کا شوہر نیند میں بڑ بڑاتا تھا جس سے بیوی کی نیند میں خلل پیدا ہوتا تھا۔اس نے شوہر کو ایک اچھے ڈاکٹر کے پاس لے جا کر معائنہ کروایا۔ڈاکٹر نے کئی طرح کے ٹیسٹ کروائے اور آخر میں اس نتیجے پر پہونچا کہ انہیں دن میں بات کرنے کا موقع نہیں مل رہا ہے۔ خدارا آپ انہیں دن میں بات کرنے کا موقع تو دیں۔اسی طرح ایک خاتون کا شوہر بیمار رہنے لگا تھا۔خاتون نے ایک اچھے ڈاکٹر سے شوہر کا معائنہ کروایا۔ڈاکٹر نے کہا انہیں آرام کی ضرورت ہے میں نیند کی گولیاں لکھ رہا ہوں۔خاتون نے دریافت کیا یہ گولی انہیں کب دوں تب ڈاکٹر نے جواب دیا یہ گولی آپ کے شوہر کے لئے نہیں بلکہ آپ کے لئے ہے۔

بات سے بات چلی ہے تو سن لیں ایک مظلوم مرد کی فریاد وہ کہتا ہے۔جب میں چھوٹا تھا ماں باپ بولتے تھے میں سنتا تھا۔اسکول گیا اساتذہ بولتے تھے میں سنتا تھا۔نوکری ملی باس بولتا ہے میں سنتا ہوں۔شادی ہوئی بیوی بولتی ہے میں سنتا ہوں۔ بچے ہوئے بچے بولتے ہیں میں سنتا ہوں۔ آخر میں کب بولوں۔ شائد ایسے ہی لوگوں کو نیند میں بڑ بڑانے کی عادت ہوتی ہو گی۔عورت اگر شاعرہ ہو اور مشہور ہو تو اس کا شوہر دنیا کا مظلوم ترشخص ہوگا۔جب بھی مشاعرے میں لوگ اور نوجوان اس کی بیوی کی شاعری یا اس کے حسن کی داد دیں گے تو بے چارے شوہر کے

سینے پر سانپ لوٹنے لگیں گے۔ اور وہ نہ چاہتے ہوئے بھی اپنا سا منہ لے کر رہ جائے گا۔ محفلوں میں لوگ اسے اس کے نام یا شخصیت سے نہیں پہچانیں گے بلکہ یوں کہئے ان سے ملئے یہ مشہور شاعرہ فلاں فلاں خانم کے شوہر ہیں۔ اس لئے ہمارا مشورہ ہے کہ وہ شاعرہ بیوی کے ساتھ مشاعرے میں نہ جائے تو بہتر ہے۔ لیکن اس کے بھی مجبوری ہے کہ اسے کار میں چھوڑنے کے لئے جانا ہوتا ہے۔ جب دو مرد آپس میں بات کرتے ہیں تو وہ صرف دوسری شادی کے تذکرے کر کے ہی خوش ہوتے ہیں۔ لیکن کسی کی مجال ہے کہ وہ اس ہمت کا کام کر دکھائے۔ غالب لوگوں کے عقد ثانی پر رشک کرتے تھے اور کہتے کہ کتنے خوش نصیب ہیں یہ لوگ کہ سہرے کے پھول بار بار پہن رہے ہیں۔ ہمارے پیر میں جو بیڑی پڑی ہے وہ ٹوٹنے کا نام ہی نہیں لیتی۔ لیکن غالب کس قدر خوش قسمت انسان تھے کہ ان کی بیوی نیک صفت خاتون تھیں۔ انہیں اچھے اچھے پکوان پکا کر کھلاتی تھیں اور کبھی ان کی شراب و کباب کی محفلوں میں مداخلت نہیں کرتی تھیں۔ ایک صاحب کو گھر میں پرانے سامان بدل کر نئے سامان خریدنے کا بہت شوق تھا۔ وہ ہر سال فریج، ٹی وی، واشنگ مشین اور دیگر سامان پرانا نکال کر نیا لے آتے تھے۔ ان کی اس عادت دیکھ کر لوگوں نے انہیں چیلنج کیا کہ میاں تم گھر کی ہر پرانی چیز بدل سکتے ہو لیکن بیوی نہیں بدل سکتے۔ کہا جاتا ہے کہ ہر کامیاب مرد کے پیچھے عورت کا ہاتھ ہوتا ہے۔ یہ قسمت کی بات ہے۔ ورنہ مرد کی کامیابی کے پیچھے اس کی ذاتی کوشش کو ہی زیادہ دخل ہوتا ہے۔ ہر کامیاب مرد کے پیچھے عورت کی کامیابی کا مقولہ کچھ اس قدر مشہور ہو گیا کہ بھائی لوگ اس میں کچھ یوں اضافہ کر گئے کہ اگر آپ مزید کامیابی چاہتے ہو تو اپنی بیویوں کی تعداد بڑھاتے جاؤ۔

شوہر اور بیوی کے درمیان اکثر چھوٹی موٹی لڑائیاں ہوتی رہتی ہیں۔ بیوی کبھی بیلن کا استعمال کر لیتی ہے تو مرد کبھی اپنے ہاتھ کا۔ امریکہ اور یورپ میں اگر بیوی نہ لڑے تو سمجھا جاتا ہے کہ یہ زیادہ دن ٹکنے والی نہیں ہے۔ اور ہمارے معاشرے میں بیوی نہ لڑے تو شوہر کو احساس ہوتا ہے کہ وہ شوہر نہیں ہے۔ مغربی ممالک میں بیوی کی خاموشی پر وکیل آتے ہیں اور ہمارے

معاشرے میں سالے اور ساس سسر آتے ہیں۔عورت کا تعلق اردو شاعری سے بہت ملتا جلتا ہے۔ پہلے عورت غزل کی طرح حیادار اور پردے کی پابند ہوتی تھی۔ اور غزل کے پوشیدہ مفہوم کی طرح وہ بھی چلمن کے پیچھے چھپی رہتی تھی۔ کبھی اس کی جھلک دکھ جاتی تو شاعر کہتا۔ صاف چھپتے بھی نہیں سامنے آتے بھی نہیں۔ آج کی عورت آزاد نظم کی طرح ہے۔ اسے کھلی کتاب کی طرح جدھر سے چاہے پڑھ لو۔ بعض عورتیں قومی ترانے کی طرح ہوتی ہیں جو تقاریب کی زینت بڑھانے کے لئے بلائی جاتی ہیں۔ اور منتظمین انہیں اگلی صفوں میں بٹھا کر اپنی محفل کو رونق بخشتے ہیں۔ بعض عورتیں علامتی غزل کی طرح ہوتی ہیں جن کا آپ جو چاہیں مطلب نکال لیں۔ شوہروں کا حال اخبار کی طرح ہوتا ہے جو کل کے باسی اخبار کی طرح ہو جاتے ہیں۔ لوگوں کو بڑا شوق ہوتا ہے کہ وہ بائیک پر بٹھا کر اپنی بیوی کو شہر گھما لائیں۔ بیوی پیچھے آرام سے بیٹھی ہے شوہر کی نظریں ٹریفک پر اور بیوی کی نظریں سارے بازار پر۔ کبھی کبھی شوہر سامنے سے گذرنے والی کسی خوبصورت لڑکی کو دیکھ کر خوش ہوتا ہے۔ لیکن اسے پتہ نہیں کہ پیچھے بیٹھی اس کی بیوی بھی کچھ اس طرح کے نظاروں میں مصروف ہے۔ آج کل شادی میں جہیز میں کچھ نہ دینے والے بھی بطور خاص اپنے داماد کو گاڑی دیتے ہیں وہ اس خیال سے کہ اگر گاڑی نہ دیں تو ان کی بیٹی کو پیدل مارے مارے پھرنا پڑے گا۔ نوجوانوں میں یہ بحث عام ہے کہ جس لڑکی سے محبت کی جائے اسی سے شادی کی جائے یا نہیں۔ اگر محبت شادی میں بدل جائے تو مرد کو فرصت کے رات دن آٹے دال کا بھاؤ معلوم کرنے میں گذارنے پڑتے ہیں۔ کیونکہ محبوبہ سے بیوی بننے والی لڑکی شوہر کے ہاتھ میں تھیلی دیتی ہے کہ چلو محبت بہت ہوگئی اور گھر سنسار کی بھی فکر کرو۔ بہت سے شوہروں کو بغیر حساب کتاب کے جنت میں جانے کی امید رہتی ہے کیونکہ وہ یہ سمجھتے ہیں کہ دنیا میں ہی انہوں نے دوزخ کا مزہ چکھ لیا ہے۔ اب تو خدا ان پر رحم کرے گا اور انہیں جنت میں ڈال دے گا۔ بہر حال شادی کا سبق ایسا وسیع اور گنجلک ہے کہ اسے پڑھنے کے بعد بھی اچھے اچھوں کو خالہ یاد آجاتی ہے۔ آج کل فلمی ستاروں کی شادیاں بھی عجیب ہونے لگی ہیں ایسے کئی ستارے جوڑے ہیں جن

کے بچے پہلے ہوئے اور بعد میں شادی۔ ابھی ایک فلمی جوڑے نے اپنے پہلے بچے کی موجودگی میں اپنی شادی کی رسومات پھر سے دہرائیں۔ شادی کی حماقتوں کا ذکر شادی بیاہ کی تقاریب سے بھی جڑا ہوا ہے۔ اب ہمارے سماج میں ایک نئی قسم یعنی پاکستانی شادی کے تقاضے کی چل رہی ہے کچھ لوگ قاضی سے مطالبہ کر رہے ہیں کہ پاکستانی طرز پر نکاح کی محفل سجائی جائے جس میں ایک ہی مجلس مین دلہا دلہن کو اعجاب وقبول کرایا جاتا ہے پھولوں کی چلمن کے اس پار اور اس پار دلہا دلہن بیٹھتے ہیں۔ شادیوں میں بے جا اسراف سے متوسط طبقہ پریشان ہے۔ لڑکے والوں کو ایک ہی مطالبہ ہے کہ جہیز اور لین دین کی کوئی ضرورت نہیں صرف معیاری پکوان ہو۔ اب یہ معیار اس قدر بڑھتا جا رہا ہے کہ لڑکی کے ماں باپ اپنی بیٹی کی نکاح کی دعوت سن کر ہی پریشان ہیں۔ فوٹو گرافی میں ڈرون دوڑائے جا رہے ہیں کہیں کسی جادوگر کا شو ہو رہا ہے تو کہی کسی آرکسٹرا کا۔ دلہا دلہن کو کرین سے اٹھا کر اسٹیج پر لایا جا رہا ہے تو کہیں ریکارڈ وزن کا پودینہ کا ہار پہنایا جا رہا ہے۔ ایک لڑکی نے شادی نہ کرنے کا عہد کیا۔ کچھ دن بعد اسے احساس ہوا کہ جب اسے شدید غصہ آتا ہے تو اسے غصہ اتارنے کے لیے کسی مرد کی ضرورت ہوتی ہے اور سب سے معصوم مرد تو شوہر ہوتا ہے اس لیے وہ شادی کر لینے پر آمادہ ہو جاتی ہے۔ نمائش کے دوران اگر کسی مرد کی گود میں بچہ ہو یا بچے کو جھولے کی بنڈی میں ڈال کر ڈھکیلا جا رہا ہو تو سمجھو کہ یہ شادی شدہ معصوم مرد ہے۔ کالجوں میں کچھ لوگرو بھی ہوتے ہیں۔ جو اپنے شاگردوں کو پڑھائی کے ساتھ محبت کے تعلق سے مشورے بھی دیتے ہیں ایسے ہی ایک لوگرو کا کہنا ہے کہ جس لڑکی سے محبت کی جائے کبھی اس سے شادی نہ کی جائے۔ شادی صرف ارینج میریج کی جائے۔ ورنہ محبت کی شادی فوری ناکام ہونے کا اندیشہ رکھتی ہے شادی سے پہلے ہی دونوں ایک دوسرے سے محبت کے پینگیں بڑھا چکے ہوتے ہیں تو شادی کے بعد لڑائی جھگڑا ہی بچا رہتا ہے۔ شادی کے سائڈ افیکٹس یہ بھی ہیں کہ جب شوہر اور بیوی دونوں جاب کرتے ہیں تو رات کا اکثر کھانا آن لائن ہی منگایا جاتا ہے اور دن میں بچے سکو بائی کی گود میں پل کر فون پر ویڈیوز دیکھ کر پلتے ہیں۔ کچھ لڑکیاں اپنے پیروں پر

کھڑے ہونے کی خاطر تعلیم حاصل کرتی ہیں اور ان کی خراب قسمت دیکھئے کہ شادی کے بعد ایسا کچھ حادثہ ہو جاتا ہے کہ زندگی بھر انہیں ملازمت کرنا پڑتا ہے۔ بہر حال ان دنوں شادی کی حماقتیں بڑھتی ہی جا رہی ہیں اور آج کل کے نوجوان یہ سوچ کر پریشان ہیں کہ کیسے ان کے والدین یا دادا دادی اس قدر طویل کامیاب شادی شدہ زندگی گزار پائے۔

تم مرے پاس!

اردو شاعری خاص طور سے اردو غزل کا اپنا ہی انداز ہے اس کے مقبول عام اشعار میں جن جذبات کا اظہار ہوتا ہے با ذوق لوگ ان اشعار کو مختلف مواقع پر استعمال کرتے ہوئے اپنے جذبات کی ترسیل کی کوشش کرتے ہیں۔ اردو غزل اس قدر مقبول ہے کہ اردو زبان کا تھوڑا سا ذوق رکھنے والے بھی اس کے اشعار پر سر دھنتے رہتے ہیں۔ ہمارے سیاست دان بھی کچھ پیچھے نہیں پارلیمنٹ میں بجٹ کی پیشکشی اور مباحث کے دوران اردو کے اشعار بھی پارلیمنٹ میں گونجتے ہیں۔ وزیر اعظم پر تنقید کرتے ہوئے ایک رکن پارلیمنٹ نے یہ شعر پڑھا تھا

تو ادھر ادھر کی نہ بات کر یہ بتا کہ قافلہ کیوں لٹا
مجھے رہزنوں سے گلہ نہیں تری رہبری کا سوال ہے

بات جب اردو شاعری اور اظہار جذبات کی چلی تو سن لیجئے ایک عاشق اور معشوق کا فسانہ۔ ہوا یوں کہ ایک ایم اے اردو کامیاب لڑکی کی منگنی ایک میکانک قسم کے لڑکے سے ہوئی جو زیادہ پڑھا لکھا نہیں تھا لیکن کچھ حد تک اردو پڑھنا لکھنا جانتا تھا۔ منگنی کے بعد ایک دن لڑکی نے اپنے ہونے والے شوہر کو پیار بھرا خط لکھا اور آخر میں اس سے اظہار محبت کرتے ہوئے مومن کا یہ شعر لکھ دیا کہ

تم مرے پاس ہوتے ہو گویا
جب کوئی دوسرا نہیں ہوتا

لڑکی نے اپنے کسی عزیز کے ذریعے اپنے منگیتر کو خط بھیجا۔ منگیتر میکانک لڑکے نے اپنی ہونے والی بیوی کی جانب سے بھیجا گیا نامہ محبت کھولا اور آخر تک خط پڑھنے کے بعد چونک پڑا اور بار بار شعر پڑھتا رہا۔ اس کے بعد اس نے اپنی ذہنی سوچ کے مطابق اندازہ لگایا کہ جب کوئی دوسرا نہیں

ہوتا تب میں اسے یاد آتا ہوں ضرور اس کے کوئی دوسرا معشوق بھی ہے۔اپنی منگیتر کو خط کے جواب سے جھٹکا دینے کے لیے میکانک لڑکے نے اپنے کسی اردوداں دوست سے خط کا جواب لکھوایا اور آخر میں مومن کا وہی شعر کچھ ردوبدل کے ساتھ اس طرح لکھا۔

تم مرے پاس ہوتی ہو گویا
جب کوئی دوسری نہیں ہوتی

اب اپنے پیار بھرے خط کا یوں جنازہ نکلتے دیکھ کر لڑکی کا کیا حال ہوا ہوگا اس کا اندازہ آپ اور ہم اچھی طرح لگا سکتے ہیں۔لوگوں کو اردو شاعری تو پسند ہے لیکن اردو شاعری کا جنازہ نکالنے میں کئی لوگ ایک دوسرے سے سبقت لے جاتے ہیں۔ایک اردو کے امتحان میں سوال پوچھا گیا کہ میر کے اس شعر کی تفہیم کیجئے۔شعر یوں تھا

میر ان نیم باز آنکھوں میں
ساری مستی شراب کی سی ہے

ایک منچلے لڑکے نے جس نے کبھی شاعری کی کلاس میں شرکت نہیں کی تھی اور اسے اظہار خیال پر عبور تھا اس نے اس شعر کی تشریح یوں کی کہ میر کے گھر میں ایک نیم کا پیڑ تھا ایک دفعہ ایک باز اڑ کر ان کے گھر میں آیا پاس میں ایک ٹوٹی ہوئی شراب کی بوتل تھی جس میں کچھ بچی ہوئی شراب باز پی گیا اور اڑ کر نیم کے پیڑ پر جا بیٹھا اور شراب کے نشے میں اس کی آنکھوں میں جو خمار تھا شاعر نے اس کی عکاسی کی ہے۔اردو شاعری کا جنازہ نکالنے میں طلباء تو طلباء اساتذہ بھی کچھ کم نہیں ایک استاد نے بورڈ پر لکھا کہ یہ شعر غزلے غالب سے لیا گیا ہے۔اب یہ کونسی غزلے ہے وہ ماہر استاد ہی جانیں۔اردو کے مشہور شاعر راز الہ آبادی زوردار آواز میں شعر پڑھا کرتے تھے۔نظام آباد کے مشاعرے میں انہوں نے جو غزل سنائی تھی اس کا مطلع تھا

لذت غم بڑھا دیجئے
آپ پھر مسکرا دیجئے

یہ غزل اس قدر مقبول ہوئی کہ بعد میں اس پر پیروڈیاں بھی بننے لگیں اور مقبول ہوئی۔ایک منچلے نے راز صاحب کی غزل پر کچھ یوں پیروڈی لگائی

مجھ پر اتنا کرم کیجئے

میری شادی کرادیجئے

غزل لکھنا مشکل کام ہوتا ہے لیکن مزاحیہ شاعر چکر نظام آبادی نے غزل لکھنا آسان کردیا۔انہوں نے ایک مشاعرے میں اپنی مزاحیہ غزل یوں شروع کی۔مل گئی مل گئی مل گئی مل گئی۔سامعین میں کئی منچلے جواب دینے لگے کیا ملی کیا ملی تو چکر نے کچھ دیر بھی کہا۔نوکری نوکری نوکری نوکری۔پھرانہوں نے کہا کہ کھوگئی کھوگئی کھوگئی۔پھراس کا جواب یوں دیا اٹھنی اٹھنی اٹھنی۔بہرحال اردو شاعری جس طرح اپنے اندر بھرپور جذبات رکھتی ہے اگراس کا غلط مفہوم نکالا جائے تو کیا سے کیا ہوجاتا ہے۔اللہ کرے ہمارے اردو اساتذہ اردو اشعار کا درست مفہوم سمجھاتے رہیں ورنہ دوسرا کی جگہ دوسری کا سلسلہ یوں ہی چلتا رہے گا اور ہم مذاق بنتے جائیں گے۔

غازی آباد میں تاج محل

تاج محل ہندوستان کی وہ عظیم نشانی ہے جس پر ہر ہندوستانی کو فخر ہے اور وہ یہ سمجھ کر فخر محسوس کرتا ہے کہ ہم اس دیش میں رہتے ہیں جہاں تاج محل ہے۔ ہر ہندوستانی کی خواہش ہوتی ہے کہ وہ تاج محل کی مخصوص بنچ کے سامنے بیٹھ کر اپنی تصویر بنائے۔اب نئے زمانے میں تاج محل جانے کی ضرورت نہیں فون کے ایک ایپ کی مدد سے ہم کسی کو ہٹا کر اپنی تصویر لگا کر بھی اپنے آپ کو تاج محل کے روبرو دکھا سکتے ہیں۔غریب اپنی محبوبہ کے لیے تاج محل نہیں بنا سکتا اس لیے غریب کا دل رکھنے کے لیے شاعر نے کہہ دیا کہ

اک شہنشاہ نے دولت کا سہارا لے کر
ہم غریبوں کی محبت کا اڑایا ہے مذاق

بچے جب ہوش سنبھالتے ہیں اور انہیں تاریخ مضمون پڑھایا جاتا ہے تو انہیں یاد دلایا جاتا ہے کہ تاج محل آگرہ میں واقع ہے اور آگرہ اتر پردیش کا ایک ضلع ہے۔شمالی ہند کے ایک دیہاتی اسکول میں ایک ٹیچر بچوں کو تاریخ کا سبق پڑھا رہی تھیں اور انہوں نے کہا کہ بولو بچو تاج محل غازی آباد میں واقع ہے۔ بچے یوٹیوب کے دور کے تھے ایک طالب علم نے کھڑے ہو کر ہمت سے کہا کہ میڈم آپ غلط کہہ رہی ہیں تاج محل تو آگرہ میں ہے۔ٹیچر نے اپنے ہاتھ میں موجود ڈنڈے سے بچے کو ڈرایا اور کہا کہ تم ہمیں سبق سکھاتے ہو چپ چاپ بیٹھے رہو تاج محل غازی آباد میں واقع ہے۔ اسکول کے طالب علم بڑے ہوشیار تھے جب چھٹی ہوئی اور وہ گھروں کو گئے تو سب نے اپنے والدین سے کہا کہ ہماری سماجی علم کی ٹیچر ہمیں غلط سبق پڑھا رہی ہیں اور کہتی ہے کہ تاج محل غازی آباد میں واقع ہے۔ بچوں کی تعلیم کی کبھی فکر نہ کرنے والے کچھ والدین غصے میں آگئے اور دوسرے دن سب اسکول کے ہیڈ ماسٹر کے پاس پہنچ گئے اور کہا کہ فلاں سماجی علم کی

ٹیچر بچوں کو غلط سبق پڑھا رہی ہیں اور وہ کہتی ہے کہ تاج محل غازی آباد میں واقع ہے جب کہ ہیڈ ماسٹر جی آپ اور ہم سب اچھی طرح جانتے ہیں کہ تاج محل تو آگرہ میں واقع ہے ہم نہیں چاہتے کہ اس طرح کی غلط تعلیم ہمارے بچوں کو ملے آپ کاروائی کیجئے اور اس ٹیچر کو اسکول سے نکال دیجئے۔ ہیڈ ماسٹر نے کہا کہ پہلے تو تم کبھی اسکول نہیں آئے بار بار نوٹس دی گئی کہ بچوں کے اسکول کی فیس جمع کیجئے کسی نے کچھ نہیں کیا۔ مجھے اسکول چلانے کے لیے فیس کی رقم چاہیے چلو تم کسی اور طریقہ سے تو اسکول نہیں آئے اور اب آئے ہو تو فیس بھر کر جاؤ ورنہ سن لو جب تک تم اپنے بچے کی فیس جمع نہیں کرو گے ہماری ٹیچر ایسے ہی پڑھاتی رہے گی کہ تاج محل غازی آباد میں واقع ہے۔ اسکول فیس کے لیے تاج محل کو غازی آباد میں پہنچانے والے ایسے اور بھی انتظامیہ ہیں خاص طور سے خانگی اسکولوں کے انتظامیہ جن کی فیس کی وصولی کی امیدیں اس وقت جاگتی ہیں جب امتحان کے دن آتے ہیں۔ بچوں کے ہال ٹکٹ رکا لیے جاتے ہیں چھوٹے بچے معصومیت سے گھر میں کہتے ہیں کہ فلاں فلاں کو ہال ٹکٹ دے دیا گیا ہے مجھے نہیں ملا ٹیچر کہتی ہے کہ جب تک فیس نہ بھرو گے ہال ٹکٹ نہیں ملے گا۔ اور بے چارے ماں باپ کسی طرح قرض لے کر اسکول میں اپنے بچے کی فیس بھرنے کا مشکل ترین فریضہ انجام دیتے ہیں۔ اسکول والے بھی پیسے جمع کرنے کے کئی طریقے جانتے ہیں اسکول کی کتابیں ڈریس اور پتہ نہیں کیا کیا عنوانات سے رقم والدین سے اینٹھی جاتی ہے۔ والدین کرونا کے دوران خوش تھے کہ ان کے بچے بغیر فیس دیئے ایس ایس سی اور انٹر کے امتحان کرونا کی بدولت کامیاب کر چکے ہیں۔ جب کہ اسکول انتظامیہ کرونا کی وبا کی خاتمے کی دعا کرتے کرتے کنگال ہو گئے۔

غازی آباد میں تاج محل سے یاد آیا کہ ہمارے مدارس میں تعلیم کے بھی نرالے انداز ہیں۔ دیہاتی اسکول میں ایک ٹیچر کو انگریزی پڑھانا تھا اور اسے خیر سے انگریزی کے بنیادی الفاظ کا تلفظ بھی نہیں آتا تھا کمرہ جماعت میں کوئی نہ کوئی شریر طالب علم رہتا ہے۔ ایک شریر طالب علم کو سزا دلانے کے لیے اس کے کان پکڑ کر ٹیچر اسے ہیڈ ماسٹر کے کمرے میں لے گئی اور کہا کہ

ہیڈ ماسٹر صاحب اس بچے نے میری ناک میں دم کر دیا ہے یہ بہت شرارتیں کرتا ہے اس کا نٹورے خراب ہے اسے فوراً ٹی سی دے کر اسکول سے نکال دیجئے۔ ہیڈ ماسٹر بھی ویسی ہی انگریزی پڑھے ہوئے تھے جیسی کہ ٹیچر تاہم وہ ہمدرد تھے انہوں نے کہا کہ جانے دیجئے ٹیچر بچے کا فٹورے خراب ہو جائے گا معاف کر دیجئے اسے۔آپ جان گئے ہوں گے کہ نٹورے اور فٹورے سے کیا مراد ہے جی ہاں نیچر اور فیوچر۔ تعلیمی اداروں میں طالب علموں کی بھی کئی قسمیں ہوتی ہیں۔ہمیں ایک غیر معمولی ہوشیار یا یوں سمجھیں کام چور قسم کے طالب علم سے سابقہ پڑا۔ایک دفعہ ہم نے کمرہ جماعت میں موموسہیل سے پوچھا سہیل بتاؤ تو سہی اس گاؤں میں پوسٹ آفس کہاں ہے۔سہیل نے کہا کہ مجھے نہیں معلوم سر۔ جب کہ سہیل کے دوستوں نے اشارہ کیا کہ سر سہیل روزانہ پوسٹ آفس کے سامنے سے آتے ہیں وہ جھوٹ بول رہے ہیں۔ میں نے پھر دریافت کیا کہ سہیل چھوٹا سا گاؤں ہے جس میں ایک ہی پوسٹ آفس ہوتا ہے پھر تم جھوٹ کیوں بول رہے ہو سہیل نے معصومیت سے کہا کہ سر مجھے پوسٹ آفس کہاں ہے معلوم ہے میں نے اس لیے نہیں معلوم کہا کہ اگر معلوم ہے کہہ دوں تو آپ مجھے ایک خط دیں گے کہ جاؤ پوسٹ کر آؤ اور میں اس کام سے بچنا چاہتا تھا اس لیے نہیں معلوم کہا۔ طالب علموں کی شرارتیں بھی عجیب ہوتی ہے۔ایک مرتبہ کمرہ جماعت میں ٹیچر نے ایک لفظ کے معنی دریافت کیے اور رشید سے کہا کہ بتاؤ رشید اس لفظ کے معنی کیا ہیں۔ رشید کھڑے ہو کر کہنے لگا میں نہیں بتاؤں گا۔ مجھے معلوم ہے۔ٹیچر نے پوچھا معلوم ہے تو بتاتے کیوں نہیں۔ رشید نے کہا میں نے بتا دیا تو آپ کو اور دوسروں کو معلوم ہو جائے گا میں کیوں مفت میں بتاؤں۔اس طرح کے شاگرد ایک ڈھونڈو ہزار ملتے ہیں۔ پرانی بات ہے کہ ایک گاؤں کے اسکول میں امجد اور شاہد پڑھا کرتے تھے۔ایک دن دونوں تاخیر سے اسکول پہنچے۔ٹیچر نے امجد سے پوچھا تم اسکول دیر سے کیوں آئے ہو امجد نے کہا کہ راستے میں میرا ایک روپیہ کھو گیا تھا اسے ڈھونڈنے میں دیر ہو گئی تھی۔ ٹیچر نے شاہد سے پوچھا تم کیوں دیر سے آئے ہو تو شاہد نے کہا کہ امجد کا روپیہ جہاں گرا تھا میں اس روپے پر پیر رکھ کر ٹھہر گیا تھا کہ

کب امجد آگے بڑھے اور میں اس کا روپیہ اٹھالوں۔ جب بھی گاؤں میں کوئی بوڑھا مرتا ہے تو بچے بہانا کرتے تھے کہ دادا کا انتقال ہوگیا۔ ایک دفعہ وہی امجد شاہد سڑک پر سے جا رہے تھے سامنے سے دو بوڑھے آ رہے تھے امجد نے کہا کہ دیکھو سامنے دو اور چھٹیاں آ رہی ہیں۔ کہا جاتا ہے کہ سرکاری مدارس میں پڑھانے والے اساتذہ کی بھی کئی قسمیں ہوتی ہیں ایک قسم کے اساتذہ وہ ہوتے ہیں جو پہلی تاریخ کا انتظار کرتے کرتے مہینہ گزار دیتے ہیں کہ ان کی تنخواہ اب آئی گی کہ اب۔ ایک ریل گاڑی کا انتظار کرنے والے اساتذہ ہوتے ہیں صبح ٹرین میں سوار ہونے سے پہلے ریل گاڑی کا انتظار کرتے ہیں اور اسکول جا کر پھر شام میں ٹرین میں سوار ہونے کا انتظار کرتے رہتے ہیں وہ ہمیشہ اپنے فون میں آتی جاتی گاڑی کو ٹریک کرتے اپنا وقت گزار دیتے ہیں۔ نئے زمانے میں اسکول بنک مارنا' لاسٹ بنچر اور پتہ نہیں کیسی کیسی تعلیمی اصطلاحات وجود میں آ چکی ہیں۔ اسکول اساتذہ کو ہمیشہ ڈر لگا رہتا ہے کہ کمرہ جماعت میں طلباء کی جانب سے ان کی سبکی نہ ہو کیوں کہ آج کا طالب علم انٹرنیٹ اور یوٹیوب سے پتہ نہیں کیا کیا سیکھ کر آ جاتا ہے کہ اب کسی ٹیچر کی ہمت نہیں ہوتی کہ تاج محل کو غازی آباد میں بتا سکے۔

لازمی شریک حیات

خدانے دنیامیں مرد عورت پیدا کیے ان کی شادی کا نظام رکھا تا کہ دونوں ایک دوسرے سے سکون پا سکیں۔شادی کے بارے میں انسان کافی عرصے پہلے سے سوچتا رہتا ہے کہ اس کی شریک حیات کیسی ہوگی یا کیسا ہوگا۔شریف لوگ اپنی بیوی کو نصف بہتر بھی کہتے ہیں۔شریک حیات کے مفہوم میں شامل ہے کہ زندگی کے اچھے برے دنوں میں دونوں ایک دوسرے کا بھرپور ساتھ دیں۔شریک حیات کا معاملہ تو اس وقت درپیش ہوتا ہے جب انسان شادی کی عمر کو پہونچتا ہے اور نہ چاہتے ہوئے بھی وہ غلطی کر جاتا ہے جس کا پچھتاوا زندگی بھر اس کے ساتھ رہتا ہے۔ لیکن جن لوگوں کی شادی نہیں ہوئی ہے اور خاص طور پر ہمارا آج کا نوجوان طبقہ جس کے لیے بھی ایک لازمی شریک حیات ضروری ہے آج ہم اس لازمی شریک حیات سے آپ کو متعارف کرواتے ہیں جی ہاں ہم سب کی لازمی شریک حیات ان دنوں ہمارا اسمارٹ فون بنا ہوا ہے انسان رات کا کھانا کھایا یا نہیں اس کی فکر نہیں۔ ملازمت کرے یا نہ کرے۔ امتحان کی تیاری کرے یا نہ کرے اس کی فکر نہیں لیکن سب کے لیے اسمارٹ فون معہ انٹرنیٹ کنیکشن لازمی ہے۔ اب فون ہماری زندگی میں اس قدر دخیل ہوگیا ہے کہ یہ خلوت اور جلوت ہر جگہ ہمارا وقت لے رہا ہے۔ایک نوجوان سے پوچھا گیا کہ وائف چاہیے یا وائی فائی تو اس نے کہا کہ وائف کا جھنجھٹ ابھی نہیں بس وائی فائی کا پاس ورڈ دے دیجئے ورنہ میرا دل نہیں لگے گا۔کسی گھر میں جاتے ہی لوگ سامنے والے کی خیریت بعد میں پوچھتے ہیں پہلے اس گھر کا وائی فائی پاس ورڈ پوچھتے ہیں۔انسانی رشتوں سے زیادہ فون اہم ہوگیا ہے۔ جو لوگ پچاس سال کے آس پاس زندگی گزار رہے ہیں اور جو ۷۰۔۸۰ کی دہائی میں شعور کو پہنچے ہیں وہ اچھی طرح جانتے ہیں کہ خاندان کے

کسی دولت مند فرد کے گھر میں فون ہوا کرتا تھا بیرون ملک یا دوسرے شہر میں ٹرنک کال بک کرنی پڑتی تھی اور کافی انتظار کے بعد کال لگتی تھی۔ فون تعیّشات میں سے تھا۔ لوگ خط لکھا کرتے تھے ڈاکیہ گھر آیا کرتا تھا کبھی کوئی اہم خبر پہنچانا ہوتو ٹیلی گرام کیا جاتا تھا جیسے ہی گھر کے دروازے پر ٹیلی گرام کی آواز آتی تھی لوگوں کے اوسان خطا ہوجاتے تھے کہ اللہ رحم کرے کون مر گیا کیا حادثہ ہوگیا۔ فون کا ایک دور وہ بھی تھا جب ایس ٹی ڈی کال پر کم قیمت کی کال کے لیے لوگ رات میں ایس ٹی ڈی بوتھ پر جا کر اپنی باری کا انتظار کرتے تھے اور مفت میں سبھی کال کرنے والوں کی کہانیاں سن لیتے تھے۔ فون کی اس تیز رفتار ترقی کے بعد آج عالم یہ ہے کہ فون اب چوبیس گھنٹے مفت بات کرنے کے لیے دستیاب ہے لیکن لوگ بات کرنے تیار نہیں۔ شریک حیات کا عالم یہ ہے کہ تھوڑی دیر ہم سے فون جدا ہوجائے تو ہماری کیفیت غیر ہوتی ہے کہ کس کا کال آیا ہوگا۔ کبھی فون چوری ہوجائے تو فوری سم بلاک کر کے ہم دوسرے فون کا انتظام کرنے لگتے ہیں۔ دفتر جانا ہے گھر پر فون بھول گئے تو دن بھر ملال رہتا ہے کہ کس کس کا فون آیا ہوگا۔ ہاتھ سے فون چھوٹ گیا تو ہائے اللہ کی چیخ نکل جاتی ہے کہ میرے بھاری فون کو کچھ نقصان تو نہیں ہوا۔ اگر کچھ دیر کے لیے نماز کے لیے فون بند رکھیں اور بعد میں کھولیں تو کئی مس کال ہوتے ہیں اور لوگ شکایت کرنے لگتے ہیں کہ آپ نے فون بند رکھا تھا۔ پہلے فون بات کرنے کے لیے ہوا کرتا تھا لیکن اب یہ ہماری ہر قسم کی تفریح اور دل لگی کا سامان فراہم کرنے کا ذریعہ بن گیا ہے۔ اور لازمی شریک حیات کے زمرے میں داخل ہوگیا ہے۔ نوجوانوں کو کمائی کی فکر نہیں لیکن بار بار نئے ماڈل کا فون خریدنے کی فکر لگی رہتی ہے۔ پہلے کوئی دو چار ہزار کا فون خریدنے کے لیے کافی منصوبہ بندی کرنی پڑتی تھی اب ہر بچے کی پسند آئی فون ہوگئی ہے۔ آئی فون ایک اسٹیٹس سمبل بن گیا ہے۔ شادی کی سالگرہ ہے اور بیوی کی فرمائش سونا دلانے کی نہیں بلکہ تازہ ماڈل کا آئی فون خریدنے کی ہوگئی ہے۔ شوہر بے چارہ اپنی بیوی کی پسند کا لحاظ کرنے کے لیے اپنی خواہشات کا گلا گھونٹ لیتا ہے۔ فون اب ہر مرض کی دوا زندہ طلسمات ہوگیا ہے۔ اس میں اب ہم کرکٹ میچ دیکھ سکتے ہیں۔ من

پسند کے سیریئل ڈرامے فلمیں دیکھ سکتے ہیں۔نو جوان بچے ایک سے ایک گیم کھیل سکتے ہیں۔ کمپیوٹر کی جگہ یہ فون ہر قسم کے اپلی کیشن سے لیس ہے ہماری کوئی بھی علمی ضرورت اب فون سے پوری ہورہی ہے۔ گوگل کا دعویٰ ہے کہ یہاں سب کچھ ملتا ہے تو جب بھی ہمیں کوئی مسئلہ درپیش ہوتا ہے۔ ہم فون سے رجوع ہوتے ہیں۔ رات کا وقت لائٹ چلی گئی گھر میں لیمپ نہیں ہے فون ٹارچ کا کام دیتا ہے۔ کسی کو ورزش کرنے کی ضرورت ہے فون اطلاع دیتا ہے کہ آپ نے آج کتنے قدم چلے ہیں کتنے کیلوریز برن کی ہے۔ مسلمان نماز کے پابند ہیں وہ چاہتے ہیں کہ ہر نماز سے پہلے اذان کے ذریعے انہیں اطلاع ملے تو فون کے ایپ اور الارم سے ہم اذان سن سکتے ہیں۔ واٹس اپ تو اب ایک بیماری اور ایک یونیورسٹی ہوگیا ہے صبح کوئی منچلا کوئی پوسٹ واٹس اپ گروپ میں ڈال دیتا ہے اور وہ پوسٹ جس کی نظر سے گزرے وہ اس بات کو ضروری سمجھتا ہے کہ دوسرے کو شئر کرے اس طرح شئر ہوتے ہوتے وہ پوسٹ ساری واٹس اپ برادری میں گشت کرتا رہتا ہے۔ واٹس اپ میں اپنی طرف سے خود کچھ لکھنے کے بجائے دوسرے کو شئر کرنا ایک بیماری سے کم نہیں۔ فون بات کرنے کا آلہ تھا لیکن اب یہ فوٹو لینے اور ویڈیو لینے کا آلہ بن گیا ہے۔ کچھ دن پہلے کی بات تھی گھر میں کچھ تقریب ہوتو ہم فوٹو گرافر کر بلایا کرتے تھے فوٹو گرافر اپنے کیمرے میں رنگین یا بلیک اینڈ وائٹ ریل ڈال کر فوٹو لیا کرتا تھا کچھ اہم مواقع کے فوٹو جل جایا کرتے تھے اب نہ کیمرے کی ضرورت ہے نہ ریل کی اب تو ایک سے ایک پکسل کے کیمرے فون میں دستیاب ہیں جن سے موقع بہ موقع تصاویر لی جارہی ہیں ویڈیو بنائے جارہے ہیں اور سوشل میڈیا پر پوسٹ کیے جارہے ہیں۔ بازار میں صرف اچھے کیمرے کے فون ہی زیادہ تعداد میں فروخت ہورہے ہیں۔ فون کے استعمال کا یہ عالم ہے کہ وقفے وقفے سے ہم فون کھولتے ہیں کہ اب کس کا مسیج آیا اب کس کا۔ ماہ رمضان میں تراویح کے دوران چار رکعت کے بعد ترویحہ کے نام سے کچھ دیر بیٹھ کر ذکر کرنے کا حکم ہے لیکن تمام صفوں میں نو جوان چار رکعت ہوتے ہی فون کھول لیتے ہیں کہ دیکھیں کس نے کیا پیغام بھیجا اور ہر صف میں فون کی بتیاں جلتی نظر آتی

ہیں۔گھروں میں چار کمرے ہیں چاروں کمروں میں بچے بڑے الگ الگ بیٹھے ہیں وہ ایک جگہ بیٹھ کر بات نہیں کریں گے جب کہ چاروں فیس بک پر واٹس اپ پر آن لائن نظر آئیں گے۔ پاس کے کمرے میں ماں بیمار ہے پڑوس میں یا شہر میں رشتے دار بیمار ہے نہ ہم عیادت کریں گے نہ خیریت پوچھیں گے بلکہ فون پر ہی رہیں گے ایک دانشور نے کیا خوب کہا ہے کہ موجودہ زمانے میں ہماری حالت یہ ہے کہ we are the most connected people with most disconnected society. یعنی ہم سماج سے کٹے ہوئے ہیں لیکن فون پر جڑے ہوئے ہیں اب لوگ رقعے بھی فون پر بھیج رہے ہیں تو جواب میں مبارکبادی بھی فون پر دی جارہی ہیں کسی کا انتقال ہوا واٹس پر انا للہ کہہ دیا جارہا ہے۔فون کو لوگ کاروبار کا ذریعہ بنا رہے ہیں وی لاگنگ اب نوجوانوں کا مقبول پیشہ ہوگیا ہے جس کو بات کرنے کی صلاحیت ہو تو وہ پکوان کے طریقے روزمرہ گھر کی مصروفیات کے ویڈیا بنا کر پیسے کما رہا ہے۔اب تو چاٹ جی پی ٹی کا زمانہ آگیا ہے ہمارے ہر سوال کا مختصر اور تفصیلی جواب چاٹ جی پی ٹی دے رہا ہے۔فون ہمارا بنک بھی ہے اب نہ نوٹ کی ضرورت ہے نہ بنک کو جانے کی بس ہمارے اکاؤنٹ میں پیسے ہونے چاہییں اور فون پے گوگل پے سے ہم ہر چھوٹی بڑی ضرورت کی ادائیگی فون سے کر سکتے ہیں اب برقی کا بل یا کسی قسم کا بل بھرنے کے لیے کہیں جانے یا لائن میں ٹھہرنے کی ضرورت نہیں بس فون سے ادائیگی ہوجائے گی ریزرویشن فون سے ٹرین کہاں تک پہنچی دیکھنے کے لیے فون اور اولا گاڑی یا سوئیگی والا کہاں تک پہنچا دیکھنے کے لیے فون ضروری ہے۔فون نے انسان کو اس قدر مصروف کردیا ہے کہ اب نوجوان بغیر شریک حیات کے ہی اپنی لازمی شریک حیات یعنی فون میں مست ہے۔ پتہ نہیں آگے اور کیا کیا دیکھنے کو ملے گا۔

گرمی کی راحتیں

کچھ دن قبل بس سے سفر کررہا تھا۔ بس سے اترتے وقت شدید گرمی کی طرف اشارہ کرتے ہوئے میں نے کنڈکٹر سے دریافت کیا آپ کے ڈپو والے ایر کنڈیشنڈ بسیں کیوں نہیں چلاتے۔ بس کنڈکٹر ذرا دانشور قسم کا تھا اس نے جواب دیا کہ صاحب اے سی صحت کے لیے برا ہوتا ہے دل کے امراض آتے ہیں انسان کو گرمی ہو یا سردی صبر کی عادت ڈالنی چاہیے۔ گرمی اچھی ہوتی ہے اس سے جسم سے پسینہ نکلتا ہے اور انسان کی صحت اچھی رہتی ہے۔ کنڈکٹر کے پڑھائے ہوئے سبق کو ذہن نشین کرنے کے بعد میں نے گرمی کی شکایت سے توبہ کی۔ اللہ والوں کی تربیت ایسی ہوتی ہے کہ وہ کبھی موسم کی شدت کا شکوہ نہیں کرتے اور ہمیشہ شکر گزار لہجے میں کہتے ہیں کہ گرمی سردی اور بارش سب اللہ کی طرف سے ہیں اور یہ سب موسم ہماری بہتری کے لیے بنائے گئے ہیں۔ آج کے گرما اور بیس سال پہلے کے گرما کا جائزہ لیں تو پتہ چلتا ہے کہ ماضی میں جب کہ گھر کویلو کے ہوا کرتے تھے گھر میں بس ایک ٹیبل فین ہوا کرتا تھا تو لوگ گرمی سے بچاؤ کا اہتمام اس طرح کرتے تھے کھڑکیوں کے سامنے خس کی ٹٹیاں لگائی جاتی تھیں تاکہ مئی یعنی تیر کے مہینے کی لو سے بچاؤ ہوسکے۔ شام ہوتے ہی بان کے پلنگ آنگن میں ڈال کران پر پانی کا چھڑکاؤ کیا جاتا تھا تاکہ ٹھنڈک لگے۔ گھروں میں مٹی کی صراحی ہوتی تھی جس پر سفید دھاگے سے کروشے کے کام کیے ہوئے خوبصورت صراحی کور لگائے جاتے تھے۔ صراحی ہو یا عادل آباد کے رنجن کا ٹھنڈا پانی واقعی دل کو راحت پہونچاتا تھا اس وقت ٹھنڈی الماری یعنی فریج کا کوئی تصور نہیں تھا بعد میں دولت مند لوگوں کے گھر جب فریج آیا تو لوگ ان کے گھر برف مانگنے جایا کرتے تھے۔ گاؤں میں نیم کے درخت ہوا کرتے تھے جن کی ٹھنڈی چھاؤں میں بچے بوڑھے بیٹھ کر موسم گرما کو گزارا کرتے تھے گرما کا تحفہ لسی یا چھانچھ ہوتی ہے۔ گھروں میں نمکین چھانچ بنا کر بڑے گلاس میں پیش کی جاتی تھی اور لوگ جی بھر کر لسی پی کر گرمی کی شدت کو دور کیا کرتے تھے۔ وقت گزرا

زمانہ بدلا اور موجودہ دور میں جتنا ہم گرمی کو دور کرنے کے لیے گھروں میں فریج اور اے سی کا استعمال بڑھاتے جارہے ہیں اتنا ہی گرما شدید ہوتا جارہا ہے۔ گرمی جہاں عام آدمی کے لیے پریشانی کا سبب اور کبھی جان لیوا ثابت ہوتی ہے وہیں متوسط طبقہ اور اہل طبقہ کے لیے راحت کا سامان فراہم کرتی ہے۔ اب ہر گھر میں چار کمروں میں ایر کنڈیشنڈ عام ہے جس سے تھوڑی دیر میں موسم سرما کی طرح کمرے کو ٹھنڈا کیا جاتا ہے چاہے اے سی کی ہوا ہمارے لیے مضر ہی کیوں نہ ہو اور امراض قلب اور بی پی شوگر کا باعث ہی کیوں نہ ہو ہم اے سی استعمال کرنے لگے ہیں۔ شادیوں میں لڑکی کے والدین کولر دینے کے بجائے اب اے سی دے رہے ہیں کہ ان کی نازک بیٹی کو گرمی نہ لگے اور وہ سکون سے اے سی میں بیٹھ کر اپنے سسرال کا آنکھوں دیکھا حال اپنی ماں کو روز سنا کر ان سے مشورے لیتی رہے کہ کس طرح اسے سسرال میں ڈٹ کر رہنا ہے۔ متوسط طبقے کے لوگ جیسے ہی گرمیاں آتی ہیں سستے کولر لگا لیتے ہیں۔ اب ان میں پانی ڈالنا بھی ایک اہم کام ہے اور حیدرآبادی زبان میں اسے موت پڑنا کہتے ہیں اب تان ٹوٹتی ہے تو بے چارے چھوٹے بیٹے پر جس کی ذمہ داری ہے کہ وہ باری باری سبھی کولروں میں پانی ڈالے ورنہ گرمی میں گزارا کیسے ہو۔ گرمی کی راحتیں اور بھی ہیں جب جی چاہا آئس کریم منگوالی یا کلفی یا چا کو بار منگوالیا اور تھوڑی دیر کے لیے منہ کی ٹھنڈک کا سامان کرلیا حیدرآباد میں آئیس کریم کھانے کے بڑا میلہ معظم جاہی مارکیٹ میں لگتا ہے جہاں رات دیر گئے تو مختلف خاندان تفریح کی غرض سے آئس کریم کھانے چلے آتے ہیں کیوں کہ وہاں پوڈر کی بنی اصلی آئس کریم نہایت کم دام میں مل جاتی ہے۔ گرمی میں پہلے ہماری والدہ یا بوڑھے بڑے لوگ کیری کا آب شولہ بنایا کرتے تھے جس کا کھٹ مٹ مزا واقعی یادگار ہوتا تھا اور دل کو ٹھنڈک پہنچایا کرتا تھا۔ رات کو سونے سے قبل مٹی کی بنی ہنڈیا میں جوار کا آٹا بھگایا جاتا تھا اور صبح اس کی امبیل بنا کر بھیگے چنوں کے ساتھ پیش کی جاتی تھی۔ ہم اتفاق سے ایسے خطے میں رہتے ہیں جہاں گرمی سردی اور بارش معتدل ہوتی ہے لیکن شکایت کرنے والے انسان کو ہر موسم کی شدت گراں گزرتی ہے اور وہ لوگوں سے پہلی بات یہی کرتا ہے کہ کیا

گرمی ہے بھائی ٹمپریچر فلاں فلاں ڈگری تک پہنچ گیا۔لیکن ہم یہ غور نہیں کرتے کہ شدید گرمی میں ایک گلاس ٹھنڈا پانی، گھر کی بنی لسی اور فریج میں موجود آئس کریم کس قدر مزہ دیتی ہے اور اس شدید گرمی کی راحت میں ملنے والی یہ ٹھنڈک ہمیں خدا کا شکرگزار بناتی ہے کہ اس قدر گرمی میں اس ٹھنڈک کو سامان فراہم کیا ہے۔گرمی ہمارے لیے اس لیے بھی ضروری ہے کہ اس موسم میں اناج سکھایا جاتا ہے لال مرچی لال رنگ اختیار کرتی ہے مختلف قسم کے جراثیم کا خاتمہ ہوتا ہے اور شدید گرمی سے جو پانی بھاپ بن کر اوپر اڑ جاتا ہے وہ بادلوں کی صورت اختیار کرکے مانسون کی شکل میں رحمت والی بارش بن کر ہمارے لیے پھر راحت کا سامان فراہم کرتا ہے۔گرمی کا سب سے اچھا تحفہ پانی ہوتا ہے۔اس لیے کہا جاتا ہے کہ اپنے گھروں پر پرندوں کے لیے دانہ پانی کا انتظام کیا جائے اور بے زبان مخلوق کو پانی پلایا جائے تو اللہ ہمارے لیے راحت کا سامان فراہم کرے۔مختلف فلاحی تنظیمیں آبدار خانے بناتی ہیں ہیں اور لوگوں کو مفت پانی پینے کا انتظام کرتی ہیں۔ہمارے ایک چالاک دوست مرزا کا کہنا ہے کہ اگر آپ کو شدید گرمی میں کچھ وقت اے سی میں گزارنا ہے اور صاف ٹھنڈا پانی مفت میں پینا ہے تو کسی قریبی بنک میں داخل ہو جائیں وہاں کچھ دریافت کرنے کے بہانے اے سی کے مزے لیں اور صاف پانی پی کر نکل آئیں یا کسی اے سی شوروم میں کچھ خریداری کے بہانے داخل ہو جائیں اور ایک گھنٹہ دیکھنے کے بعد یہ شکایت کرتے ہوئے نکل آئیں کہ آپ کے پاس تو نیا اسٹاک ہے ہی نہیں۔ماہ رمضان الگ الگ ایام میں آتا ہے اور پھل اگانے والے کیا سردی کیا گرمی رمضان کی مناسبت سے ہی تربوز اگا رہے ہیں، رمضان ختم تو بازار سے تربوز غائب۔موسم گرما میں فروٹ جوس بھی ایک نعمت سے کم نہیں۔ بہرحال گرمی کی راحتیں بھی ہیں۔اور ضرورت اس بات کی ہے کہ ہم موسم کی شدت پر صبر اور راحتوں پر شکر کرنے والے بنیں۔

ماہ جون کی ظلمتیں

وقت ایک ایسا دریا ہے جو آگے کی طرف بڑھتا ہی رہتا ہے اور کبھی پیچھے لوٹ کر نہیں آتا۔ دن مہینے سال یہ انسانوں کی بنائی گنتی ہے جس سے اس فانی دنیا میں گزرتے وقت اور ڈھلتی عمر کا احساس ہوتا ہے۔ آخری زمانے میں وقت کی بے برکتی کا یہ عالم ہے کہ اب دن مہینے سال پر لگا کر ایسے اڑ رہے ہیں کہ پتہ ہی نہیں چلتا پہلے گھروں میں مینار کیلنڈر سال کے ختم پر شوق سے خریدا جاتا تھا اور اس میں ہر ماہ دودھ کا حساب شادی کی تاریخیں' گزرنے والی کارتی' مختلف قسم کے اعراس وغیرہ کا حساب دیکھا جاتا تھا اب تو فلیٹ کی زندگی میں نہ کیلا مارنے کی اجازت ہے نہ کیلنڈر لگانے کی توفیق جو کیلنڈر تحفے میں دیئے جاتے ہیں وہ ایسے ہی پڑے پڑے سال کے گزر جانے کے بعد کاٹ کر گھر کے خانوں یا روٹی کے ڈبوں میں بچھائے جارہے ہیں۔ تو صاحب سرخی میں ماہ جون کا ذکر کیا گیا۔ شدید گرمی کے بعد ماہ جون کی آمد کے ساتھ مرگ لگنے اور موسم برسات کا انتظار کیا جاتا ہے۔ جغرافیائی اعتبار سے ہندوستان میں 21 جون سال کا طویل ترین دن ہوتا ہے۔ اس دن یوگا ڈے بھی منایا جاتا ہے لیکن جب 21 کو الٹ کر دیکھا جائے تو جو تاریخ 12 جون کی بنتی ہے وہ متوسط طبقے کے لیے ہیبت کا باعث بنتی ہے۔ کیوں کہ ہمارے ہاں 12 جون نئے تعلیمی سال کے آغاز مدارس کی کشادگی اور گھر کے شیطان صفت بچوں کو پھر سے اسکولوں میں بھیجنے کی شروعات کی ہوتی ہے۔ لیکن جس گھر میں چار سے چھ بچے اسکول میں پڑھ رہے ہوں اور باپ کی اوسط کمائی اور خواہش بچوں کو اچھے اسکول میں پڑھانے کی ہو تو نئے تعلیمی سال کے آغاز کے ساتھ ہی خانگی اسکولوں کے انتظامیہ کی جانب سے فیس' ڈریس اور کتابوں کی خریداری اور پتہ نہیں نئے نئے قسم کے اخراجات کی ہوتی ہے۔ اسکول انتظامیہ کا کام ہے بچوں کو پڑھانا لیکن خانگی اسکول اب کاروبار کا مرکز بن گئے ہیں۔ لازمی کر دیا جاتا ہے کہ تعلیمی سال کے آغاز پر اسپیشل فیس ادا کی جائے اسکول سے ہی کتابیں ورک بک اور پن پنسل

خریدا جائے اسکول سے ہی ڈریس خریدا جائے ڈریس بھی جمعہ کا الگ عام دنوں کا الگ۔ سوشل میڈیا پر ان دنوں ایک لطیفہ گشت کر رہا ہے کہ والدین اسکول انتظامیہ سے پوچھتے ہیں کہ جب کتابیں کاپیاں ڈریس اور سب کچھ آپ کے اسکول سے ہی لینا ہے تو آپ کچھ اچھی تعلیم کی بھی گیارنٹی دیں۔ تب اسکول انتظامیہ کی جانب سے کہا جاتا ہے کہ آپ کا بچہ پڑھنے میں کمزور ہے اسے مزید ٹیوشن کی ضرورت ہے۔ بچوں کے بارے میں خانگی مدراس درست ہوتے ہیں یہ ہمارا اجتماعی شعور گزشتہ بیس سال سے بنا ہے ورنہ 1980 کی دہائی میں ہم نے دیکھا تھا کہ سب بچوں کو سرکاری اسکول میں مفت داخلہ دلایا جاتا تھا۔ جہاں کی معیاری تعلیم کا یہ عالم کے اس وقت کا اردو میڈیم کا طالب علم بھی انگریزی میں اس قدر ماہر ہوتا تھا کہ بعد میں وہ دنیا بھر میں اچھی ملازمتوں کے حصول سے اپنا اور ملک کا نام روشن کرتا تھا۔ سرکاری اسکولوں سے والدین کی ناپسندیدگی اس وقت شروع ہوئی جب سرکاری ملازم جس کی نوکری اور ہر ماہ کی پہلی تاریخ کو بھاری تنخواہ پکی ہوتی تھی وہ معیار تعلیم کو بلند کرنے سے پیچھے رہنے لگے۔ اور زمانے کے تقاضوں سے اپنے آپ کو ہم آہنگ نہ کرنے کے سبب پیچھے ہوتے گئے اور والدین خانگی اسکولوں کی ظاہری چکا چوند سے متاثر ہونے لگے۔ تو بات چل رہی تھی ماہ جون کی ظلمتوں کی۔ اب خانگی اسکولوں نے والدین کی جیب ہلکی کرنے کے ایک سے ایک ایسے طریقے نکال لیے ہیں کہ حیرت ہوتی ہے کہ یہ تعلیم دے رہے ہیں یا کاروبار کر رہے ہیں۔ عام طور پر ہمارے ہاں چھٹی جماعت سے سرکاری نصاب پڑھانے کا سلسلہ ہے تو پہلی تا پانچویں جماعت نصابی کتابیں ہر اسکول انتظامیہ اپنی مرضی سے منتخب کرتا ہے اور ایک تھیلی میں کتابیں کاپیاں ورک بک اور پینٹنگ کا ساز وسامان رکھ کر پانچ تا دس ہزار وصول کرتا ہے۔ کچھ خانگی اسکول مفت داخلوں کا اشتہار لگاتے ہیں لیکن جب والدین اسکول انتظامیہ سے اپنے بچے کی داخلے کی کاروائی کرتا ہے تو اس کی ایسی ذہن سازی کی جاتی ہے کہ وہ مفت میں داخلے کے چکر میں ہزاروں روپے سالانہ فیس دینے کے لیے تیار ہو جاتا ہے کچھ اسکول مالکین آفر بھی دیتے ہیں کہ اگر آپ سال بھر کی فیس یک مشت

دے دیں تو اتنا ڈسکاؤنٹ دیا جائے گا والدین یہ نہیں دیکھتے کہ سال بھر کی فیس ادا ہو جانے کے بعد سال بھر کتنی تعلیم دی جائے گی۔ بچے بھی اتنے معصوم ہوتے ہیں کہ کمرہ جماعت میں ٹیچر جب انہیں فیس ادا کرنے کے لیے کہتی ہے تو بچے گھر آکر اس قدر ضد کرتے ہیں کہ ماں باپ بیچارے قرض لے کر بچوں کی فیس ادا کرنے کے لئے مجبور ہو جاتے ہیں۔ فیس وصول کرنے کا نیا حربہ یہ نکالا گیا ہے کہ کوئی بھی امتحان ہو ہال ٹکٹ کے نام پر ہال ٹکٹ روک لیا جاتا ہے۔ ہال ٹکٹ کسی دوسرے اسکول میں لکھے جانے والے سرکاری امتحان میں داخلے کے لیے ہوتا ہے اپنے ہی اسکول میں اپنے ہی طلباء کو امتحان لکھنے کے لیے کیسا ہال ٹکٹ۔ بہر حال ہال ٹکٹ روکنے کا والدین پر ایسا اثر ہوتا ہے کہ وہ کچھ بھی کر فیس بھر کے مصداق بچے کی فیس بھرنے کے لیے مجبور ہو جاتے ہیں۔ حیدرآباد میں کچھ خانگی اسکول ایسے ہیں جن میں ابتدائی کے جی طلباء کی سالانہ فیس ایک تا دو لاکھ روپے ہے اور اس طرح کے اسکولوں میں نو اڈمیشن کے بورڈ سال بھر آویزاں رہتے ہیں جب اسکول انتظامیہ سے دریافت کیا جاتا ہے تو جواب ملتا ہے کہ حیدرآباد میں اس قدر بھاری فیس دینے والے والدین موجود ہیں۔ لیکن کیا ہوگا ان والدین کا جو آٹو چلاتے ہیں۔ روزانہ کا کاروبار کرتے ہیں لیکن چاہتے ہیں کہ ان کا بچہ اچھے اسکول میں پڑھے۔ ہر سال اسکول میں ہونے والے پروگراموں کی چکا چوند' سالانہ جلسوں کی دھوم دھام اور گرائجویشن تقریب کی دھوم دھام سے سماج میں ایک عدم توازن قائم ہو گیا ہے اور والدین نہ چاہتے ہوئے بھی بچوں کو ان خانگی اسکولوں میں شریک کرانے اور فیس کی وصولی کے نام پر سال بھر ٹار چر سہنے کے لیے تیار رہتے ہیں۔ ایک مرتبہ ایک مولانا نہ انگریزی میڈیم کی تعلیم کی مخالفت کرتے ہوئے کہا تھا کہ ہم اپنے بچوں کو اے فار ایپل بی فار بال سی فار کیاٹ ڈی فار ڈاگ کے نام پر کتے بلی کی پڑھائی پڑھا رہے ہیں بچوں میں نہ اخلاق سدھر رہے ہیں نہ اقدار۔ اور بچے شروع سے ہی والدین کے نافرمان بن رہے ہیں اور حقیقت بھی یہ ہے کہ ہمارے تعلیمی نظام میں مواد کو رٹانے اور یاد کردہ معلومات کو امتحان میں لکھنے کا نام ہی تعلیم رہ گیا ہے۔ بچوں میں سچائی' ایمان داری' ہمدردی' بڑوں

کا احترام اور تعلیم کے حقیقی اثرات کو قبول کرنے کا فقدان دکھائی دیتا ہے۔ اب تو ہماری تعلیم اور تہذیب کا یہ عالم ہو گیا ہے کہ اگر کوئی پانی میں ڈوب رہا ہے تو اس کا ویڈیو بنایا جا رہا ہے اور اگر کوئی حادثے کا شکار ہو گیا تو اسے فوری مدد پہنچانے کے بجائے اس کا ویڈیو بنایا جا رہا ہے۔ اس لیے ضرورت اس بات کی ہے کہ ماہ جون کی ظلمتیں سہنے کے بجائے ایسے والدین جو معاشی طور پر متوسط طبقے سے تعلق رکھتے ہیں وہ سرکاری مدارس میں اپنے بچوں کی تعلیم کا انتظام کروائیں اب تو ہماری ریاست میں اقامتی مدارس کا ایک جال پھیل گیا ہے جہاں بچوں کو مفت تعلیم اور رہائش کا انتظام ہے اور بچے اس قدر ترقی کر رہے ہیں کہ ناسا کے پروگراموں میں شرکت کر رہے ہیں۔ ماہ جون کی ظلمتوں سے بچیں۔ اچھی تعلیم کے نام پر دکھاوے اور قرض سے بچیں اور دستیاب سرکاری وسائل کو استعمال کریں۔

اتوار کی اڈلی

آپ اور ہم نے آندھرا کی اڈلی دوسہ کا نام تو سنا ہے اور اکثر و بیشتر یہ ہمارے ناشتے کا حصہ ہیں لیکن یہ اتوار کی اڈلی کیا ہے تو سنئے جناب یہ آج کے دور کی حقیقت ہے کہ کیا شہر کیا گاؤں اب اتوار کا آغاز اسی اڈلی دوسہ کے ناشتے سے ہو رہا ہے۔ تمام گھروں کی خواتین نے شائد یہ مشترکہ فیصلہ کرلیا ہے کہ وہ ہفتے کے چھ دن تو کچھ نہ کچھ پکوان کریں گی لیکن اتوار کی صبح کچھ پکوان نہیں ہوگا اور گھر کے مرد حضرات چاہے شوہر ہوں یا بیٹے ان کی ذمہ داری ہے کہ وہ قریبی اڈلی کی دکان جائیں اور گھر کے سب افراد کے لیے اڈلی خرید کر لائیں۔ اور ظلم یہ ہے کہ ہر محلے میں کچھ خاص دکانیں اڈلی کی ہوتی ہیں جہاں کا مزہ اچھا ہوتا ہے تو لوگ جوق در جوق اس دکان پر ہلا بول دیتے ہیں اور اڈلی خرید کر لانا گھر کے افراد کے لیے کچھ جنگ جیت کر آنے کے برابر نہیں ہوتا۔ یہ کچھ دن پہلے کی بات ہے کہ ہمیں تعجب ہوتا تھا یہ سن کر کہ پرانے شہر کے مظلوم مرد ہاتھ میں اسٹیل کا کیان پکڑے صبح کے وقت باہر نکلا کرتے تھے اور کچھ دیر بعد وہ قریب کی پائے کی ہوٹل جاکر پائے کا گرم گرم شوربہ اور نان کی روٹیاں لے کر گھر آتے تھے اور گھر کے لوگ اسی شوربہ نان سے ناشتہ کرتے تھے تو ہمیں غصہ آتا تھا کہ کیا پرانے شہر کی خواتین اس قدر سست و کاہل ہوگئیں کہ صبح کا ناشتہ بھی نہیں بنا سکتیں۔ منگل ہاٹ کے علاقے میں سنا ہے کہ پائے کے شوربے کی ہوٹل اس قدر مشہور ہے کہ صبح چار بجے سے وہاں خواہش مندان شوربا کی لائن لگ جاتی ہے اور صبح کچھ گھنٹے بعد ہی شوربا پائے ختم ہوجاتے ہیں۔ تو بات چل رہی تھی اتوار کی اڈلی کی۔ اب یہ ہماری زندگی کا معمول ہوگیا ہے کہ اکثر و بیشتر ناشتہ اسی اڈلی سے ہو رہا ہے۔ کچھ خواہش مند لوگ روزانہ کی زندگی سے بیزار ماحول کی تبدیلی کی خاطر اتوار کی صبح واکنگ کو نکلتے ہیں تو واپسی میں اڈلی کھا کر آتے ہیں کچھ بوڑھوں کی واکر اسوسی ایشن ہیں جو ہر ہفتے ایک کی باری کے اعتبار سے اتوار یا

روزانہ صبح اپنا ناشتہ اڈلی سے کرتے ہیں۔ظلم تو ہم نے یہ دیکھا کہ مظلوم باپ اپنے دو تین بچوں کو اڈلی کی دکان لے کر آتے ہیں بچوں کو وہیں اڈلی کھلاتے ہیں خود بھی کھاتے ہیں۔ کچھ دیر بعد ہم نے دیکھا کہ باپ تینوں بچوں کے خالی ٹفن کے ڈبے کھول کر دکان والے سے کہہ رہا ہے کہ اس میں بھی اڈلی ڈال دے ہم نے پوچھا کہ یہ کیا معاملہ ہے تو بچوں کے باپ نے کہا کہ یہ دوپہر کا ٹفن ہے۔ اس سے اندازہ لگایا جاسکتا ہے کہ ہمارے گھروں میں کیسے زندگی کا رخ بدل رہا ہے۔ایک زمانہ تھا جب ہوٹل کا یا باہر کا کھانا معیوب سمجھا جاتا تھا اب یہ زندگی کا معمول بن گیا ہے۔بس میں سفر کرتی خاتون ملازماؤں کو بھی ہم نے اکثر دیکھا ہے کہ صبح آٹھ بجے بس میں بیٹھتے ہی پرس میں سے ٹفن کا باکس کھولتی ہیں اور بیٹھے بیٹھے اڈلی کھانے لگ جاتی ہیں تو ہمیں تعجب ہوتا ہے کہ یہ کیسی مشینی زندگی ہے کہ عورت کو نہ گھر میں پکوان کی فرصت نہ سکھ چین سے بیٹھ کر ناشتہ کرنے کی فرصت ہے۔ حیدرآباد میں ملازمت کے لیے دوسرے شہروں سے آئے نوجوان لڑکے لڑکیوں کی کثیر تعداد ہے جو صبح ہائی ٹیک سٹی جاتے ہوئے راستے میں موجود اڈلی کی دکانوں سے کھڑے کھڑے ناشتہ کرتے نظر آتے ہیں اس لیے اڈلی کا کاروبار بھی زوروں پر ہے اکثر اڈلی فروخت کرنے والے گھر سے اڈلی بنا کر بڑے ڈبے میں رکھ کر راستوں کے کنارے اپنی گاڑی لگا دیتے ہیں اور ایک دو گھنٹے میں اچھا خاصا کاروبار کر لیتے ہیں۔اڈلی کا مزہ اہل دکن کو آندھرا والوں نے بتایا تھا جب کہ گزشتہ بیس تیس سال میں یہ کاروبار شروع ہوا اور دیکھتے ہی دیکھتے ساری ددنیا میں عام ہوگیا۔گزشتہ تیس سال قبل اڈلی کا کوئی چلن عام نہیں تھا ہوٹلوں میں صبح ناشتے میں پوری یا روٹی ملا کرتی تھی۔ حیدرآباد میں چونکہ دن اور رات کا فرق مٹ گیا ہے اور زندگی چوبیس گھنٹے رواں دواں ہے تو رات کی شفٹ سے آنے والوں کے لیے بھی رات میں اڈلی دوسے کی بنڈیاں ہر طرف دستیاب ہیں اور یہ کاروبار خوب چل رہا ہے دوسے کئی قسم کے بن رہے ہیں اور شوق سے کھائے بھی جا رہے ہیں۔بات اڈلی اور باہر کے کھانے کی چلی تو یہ بھی اب ہماری زندگی کی حقیقت بن گئی ہے کہ چھوٹی موٹی دعوتوں کے لیے پہلے گھر میں باضابطہ پکوان گھر کی عورتیں مل

کر کرتی تھیں یا باورچی سے پکوان کرایا جاتا تھا اور پکوان میں بگھارا کھانا دالچہ قورما اور پھلی گوشت کا سالن اس کے ساتھ بریانی کے چاول کا زردہ بنایا جاتا تھا جس کا مزہ پرانے دور کے لوگوں کو آج بھی یاد ہے لیکن اب دن بدل گئے ہیں تیس تا پچاس آدمی کی دعوت ہو تو فوری ہوٹل کو بریانی کی ہنڈی کا آرڈر دیا جاتا ہے اور شام میں ہنڈی لا کر مہمانوں کو ہوٹل کی بریانی کھلا دی جاتی ہے۔ ان سب باتوں کا ذکر کرنے کا مقصد یہی ہے کہ گھروں میں صاف ستھرا گھریلو پکوان نہ کرنے سے ہماری زندگی میں ہوٹل کے کھانے شامل ہوتے جا رہے ہیں۔ آن لائن کھانے منگوانے کا رواج بھی اس قدر بڑھ گیا ہے کہ ہوٹل والے پریشان ہیں کہ وہ کس حد تک لوگوں کے آرڈر کی تکمیل کریں۔ حیدرآباد جو ایک زمانے تک اپنے مغلائی اور روایتی پکوانوں کے لیے مشہور تھا اب بازاری ہوٹلوں کے کھانوں کے لیے مشہور ہوتا جا رہا ہے اور آندھرا والوں نے جو اڈلی ہمیں کھلائی تھی وہ اب اس قدر ہماری زندگی کا حصہ بن گئی ہے کہ کوئی بھی اتوار اڈلی کے ناشتے کے بغیر نہیں گزرتا۔ یاد آتا ہے ہمیں وہ زمانہ جب گھروں میں ناشتے میں کھچڑی کھٹا قیمہ مرکل پاپڑ بڑے شوق سے بنایا جاتا تھا۔ گھر کی عورتیں اگر پکوان کی طرف راغب نہ ہوں تو مرد ہی بہ طور احتجاج گھروں میں پکوان شروع کریں اور اتوار کی اڈلی اور اڈلی کے حصول کے لیے لمبی لائن سے چھٹکارا حاصل کریں۔

کتنے میں ملا!

لیجیے جناب قرب قیامت کا دور ہے وقت راکٹ کی رفتار سے گزر رہا ہے۔ ابھی کچھ دن ہوئے ماہ رمضان گزرا عید کی سیویوں کا مزہ بھی نہ بھولا کہ عید قربان بقرعید آ گئی اور شہروں میں عید کے ایک دو دن سے ہی یہ سوال گردش کرنے لگتا ہے کہ کتنے میں ملا اور اس سوال کے پوچھنے کا مقصد ہی یہ ہوتا ہے کہ قربانی کا جانور کتنے میں خریدا۔ بہت سے لوگ اپنی دانست میں اپنے آپ کو عقل مند سمجھتے ہیں کہ انھوں نے قربانی کا جانور کم قیمت میں خریدا لیکن سامنے والا اپنے جانور کی کم قیمت اور بھاری بھرکم جانور ہونے کا ذکر کرتے ہوئے آپ کو پشیمان کرے گا کہ آپ نے جلد بازی میں مہنگا جانور خرید لیا ہے۔ شہروں میں بھاری ٹریفک گھروں میں آنگن نہ ہونے سے اب عید قربان پر قربانی کرنا بھی ایک مشکل کام ہوتا جا رہا ہے۔ اس لیے لوگ زیادہ رقم دے کر قربانی کے مراکز پر قربانی کرانے کو ترجیح دے رہے ہیں۔ دوسری جانب مناسب قیمت پر جانور کی خریدی بھی ایک بڑا مسئلہ ہے۔ جب لوگ جیب میں رقم لیے یا گوگل پے کی سہولت سے لیس بازار میں نکلتے ہیں تو انہیں اپنے ہی محلے کی سڑکوں پر ڈیرا ڈالے بہت سے ایسے تاجر نظر آئیں گے جو کسی بھی لحاظ سے دھنگر نہیں لگتے بلکہ اپنے ہی بھائی برادری کے لوگ لگتے ہیں۔ ادھر کچھ سال سے نوجوانوں میں یہ چلن عام ہو گیا ہے کہ گھر سے یا کسی شناسا سے دو چار دن کے لیے لاکھ دو لاکھ روپے کا انتظام کرتے ہیں قریبی دیہاتوں میں جا کر بکرے بات کرتے ہیں اور ناتجربہ کاری سے زیادہ قیمت میں بکرے خرید لیتے ہیں اور پھر انہیں شہر منتقل کرنے اور فروخت کے دوران قیمت کچھ زیادہ ہی لگا لیتے ہیں۔ اس سے ہر سال بکرے کی قیمتوں میں اضافہ ہی ہو رہا ہے۔ یہ لوگ کچھ اس انداز سے بکرے کی خوبیاں بیان کرتے ہیں کہ بکرا خریدنے کے بجائے بکرے کی عزت کرنے کو جی چاہتا ہے اور لگتا ہے کہ عید کے قریب انسان سے زیادہ بکرا ہی قیمتی ہے۔ اللہ کی

قدرت دیکھئے کہ جب سے فون اور ویڈیو گرافی کا چلن عام ہوگیا ہے دنیا بھر سے خوبصورت بکروں اور قربانی کے صحت مند جانوروں کے ایسے ویڈیو دیکھنے کو مل رہے ہیں کہ جی چاہتا ہے کہ ان بکروں کے ساتھ سیلفی لی جائے کچھ بکرے واقعی انسان سے زیادہ اس قدر قیمتی ہوتے ہیں کہ ان کی قیمت لاکھوں میں رکھی جاتی ہے اور دولت مند لوگ ان بکروں کو خرید کر سماج میں اپنا رتبہ مزید اونچا کرنے کی کوشش کرتے ہیں۔ بکرا خریدنا ایک جوئے شیر لانے سے کم نہیں خدا خدا کرے بکرا خرید لیا اب اس کا چارہ خریدا جائے چارہ بیچنے والے بھی اپنی عید کر لیتے ہیں اور ہم نا چاہتے ہوئے بھی انہیں منہ مانگے دام دے جاتے ہیں۔ بکرا گھر منتقل کرنا ہے آٹو والا بھی منہ مانگے دام پوچھے گا خیر کسی طرح گھر پہنچے رسی سے بکرے کو گھر میں باندھے رکھنا بھی ایک اہم کام ہے فلیٹ والی زندگی میں پارکنگ ایریا میں ہی سب کے بکرے باندھے جائیں گے۔ بچے کبھی اپنے بکرے کو لے کر گلی میں گھماتے ہیں تاکہ لوگوں کو پتہ چلے کا ہم نے قربانی کا بکرا لے لیا ہے۔آج سے کئی سال پہلے پڑوسی ملک کے مزاحیہ فنکار عمر شریف مرحوم نے بکرا قسطوں پر ڈراما پیش کیا تھا جس میں پڑوسیوں کی چالاکی دکھائی تھی کہ اپنے گھر میں بکرا ہونا ثابت کرنے کے لیے لوگ کیسے ٹیپ ریکارڈ میں بکرے کی میں میں کی آوازیں ریکارڈ کر کے رات بھر چلاتے رہتے ۔ایک گھر سے بکرے کی جب میں میں آتی ہے تو کسی مشاعرے کی طرحی غزل کی طرح دوسرے گھر سے ایک بکرا میں میں کا جواب دیتا ہے اور سارے گھروں سے آوازیں آنے لگتی ہیں تو بکروں کا مشاعرہ منعقد ہو جاتا ہے۔

بہر حال عید کا دن آ پہنچا۔عید کے دن سب کی فکر یہی ہوتی ہے کہ سب سے پہلے عید کی نماز پڑھی جائے اور قصائی کو ڈھونڈ کر قربانی کر دی جائے۔ کچھ مساجد میں اس طرح کے لوگوں کے لیے بھی انتظام ہوتا ہے اور فجر کے بعد ہی ذکر واذکار کے بعد اول وقت نماز کی ادائیگی کا انتظام ہو جاتا ہے۔ بے چین لوگوں کو امام کا خطبہ اور طویل دعا بھی گراں گزرتی ہے اور دلوں میں یہ شکوہ کرتے رہتے ہیں کہ بس کر و امام صاحب اب قربانی کا وقت ہوا چاہتا ہے۔ جیسے ہی نماز پڑھ کر باہر نکلے

قصائی کی تلاشی کی مہم شروع ہو جاتی ہے۔ اور ایک مرتبہ پھر یہ سوال گردش کرنے لگتا ہے کہ کتنے میں ملااب کی بار یہ بکرے کی قیمت نہیں بلکہ قصائی کی مزدوری ہے جو ہر سال بڑھتی ہی جارہی ہے عید کے دن پانچ دس ہزار کمانے کے چکر میں کئی نوجوان جو اچھے خاصے سماجی رتبے کے ہوتے ہیں وہ بھی بکرا کاٹنے کی مہم میں لگ جاتے ہیں حیدرآباد سب کے لیے آباد شہر ہے عید کے دن یہاں گلبر بہ بیدر ناندیڑ اور پڑوسی اضلاع سے ہزاروں لوگ جن میں مزدور بھی ہوتے ہیں شہر میں قصائی بن کر آجاتے ہیں اور یوں سب کو قصائی مل جاتا ہے کچھ لوگ اپنے پڑوسی کے گھر منتظر ٹھہرے رہتے ہیں کہ ان کے بعد ہمارے گھر قصائی کو بھیجا جائے۔ جب قربانی کا گوشت تقسیم ہوتا ہے تو گھر والے پاکٹ کھول کر یہی شکوہ کرتے ہیں کہ دیکھو ہم نے تو اچھا گوشت دیا پڑوسی والے نے ہڈیاں ہی بھر دیں۔ عید قربان پر فریج کی بھی عید ہوتی ہے اور لوگ اپنے اپنے فریج کو گوشت کی پاکٹوں سے بھرنے لگتے ہیں اب تو قربانی کے جانور کے ساتھ خصوصی فریزر بھی گھروں میں لائے جارہے ہیں۔ کتنے میں ملا کا سلسلہ ختم نہیں ہوا عید کے دن کچھ گھنٹے گزرے نہیں کہ سارے شہر کی فضاء میں دھوئیں اور جلنے کی بو آنے لگتی ہے سراپایے بھنا کر انہیں گھر لانا یہ بھی ایک کام۔ اس کی قیمت بھی من مانی دی جاتی ہے اور اگلے دن صبح نان کی دکان پر گھر والوں کی لائین۔ بہر حال عید قربان میں لوگ اپنی خیریت اور عید کی مبارکباد کم دیتے ہیں اور کتنے میں ملا کا سوال زیادہ کرتے ہیں۔ عید قربان پر پیش آنے والے مراحل کو دیکھ کر کسی نے کہا کہ بیوی کے نخرے تو برداشت کر لیے جاسکتے ہیں لیکن قربانی کے جانور کی خریدی سے لے کر قربانی کی انجام دہی اور گوشت کے پیٹ میں اور فریج تک مراحل برداشت نہیں ہوتے پھر بھی یہ سلسلہ چل رہا ہے اور ہم یہی امید کرتے ہیں کہ اللہ ہماری کوتاہیوں سے قطع نظر جذبہ قربانی کے ساتھ ہماری قربانی کو قبول فرمائے۔

ثواب کا کاروبار

نیکی بدی، گناہ ثواب، اجر وسزا یہ باتیں ہمارے ایمان اور عقائد کا حصہ ہیں۔ ہم جانتے ہیں کہ اچھا کام کریں تو اس کا دنیا میں اور آخرت میں اچھا اجر ملے گا اور یہ کہ نیکی ہمیں خود کرنی ہے کسی اور سے کروانی نہیں ہے لیکن بھلا ہو اس کاروباری دنیا کا کہ ثواب کے کام میں بھی تجارت داخل ہوگئی ہے جسے ہم ثواب کا کاروبار کہہ سکتے ہیں۔ جب کبھی اپنے کسی عزیز کا انتقال ہوتا ہے تو ہم میں سے اکثر برائے اطلاع انتقال کی خبر اخبار میں شائع کراتے ہیں کہ دور دراز کے لوگ اور جان پہچان والے اگر جنازے میں شرکت نہ کر پائیں تو کم از کم اخباری اطلاع پڑھ کر مرنے والے کے افراد خاندان سے اظہار تعزیت ہی کرلیں اس غرض سے انتقال کی خبر میں مرنے والے کے کسی قریبی عزیز کا فون نمبر دیا جاتا ہے۔ ایسے ہی کسی عزیز کے انتقال پر جب ہم نے اخبار میں انتقال کی خبر معہ فون نمبر شائع کروائی تو دوسرے دن حیرت کی انتہا نہ رہی جب کہ ایک دو نہیں کئی اداروں اور احباب کی جانب سے فون آیا کہ ہم آپ کے عزیز کے انتقال پر اظہار تعزیت کرتے ہیں اگر آپ چاہیں تو ہم مرنے والے کے حق میں قرآن خوانی اور فاتحہ خوانی کریں گے اور اگر ہم اس معاملے میں ہاں کہتے تو امید تھی کہ اچھی خاصی رقم کا مطالبہ بھی کیا جاتا۔ لیکن ہم نے کہہ دیا کہ ہمیں اس کی ضرورت نہیں ہم خود اور ہمارے افراد خاندان اس کام کو کرلیں گے۔ افسوس اس بات کا ہے کہ لوگ اخبار کی خبروں کا کس طرح بے جا استعمال کر رہے ہیں۔ اکثر گلی کوچوں پر لگے کھمبوں پر ایک اشتہار یہ بھی نظر آتا ہے کہ آیت کریمہ پڑھوانے کے لیے ہم سے رابطہ کریں۔ پتہ چلا کہ کچھ بزرگ لوگوں کا ایک گروپ ہوتا ہے جو کسی کے بلانے پر آیت کریمہ پڑھنے چلے جاتے ہیں اور ظاہر بات ہے کہ اچھا کھانا کھانے کے بعد ہدیے کے طور پر اچھی خاصی رقم بھی ملتی ہوگی۔ پہلے دینی مدارس کے یتیم بچوں کو گھروں کو قرآن خوانی اور آیت کریمہ پڑھنے

کے لیے بھیجا جاتا تھا لیکن اب یہ کام کم ہوگیا ہے اور مدرسے میں ہی دعا و ختم قرآن کرایا جاتا ہے اور جس کے لیے ہدیہ بھی دیا جاتا ہے۔ پیسے لے کر قرآن پڑھنے والوں کی بھی کئی قسمیں ہیں کچھ لوگ کاروبار میں برکت کے لیے حافظ صاحب کو دکان پر بلوا کر قرآن پڑھواتے ہیں کچھ لوگ فون پر پڑھتے ہیں کچھ لوگ کہتے ہیں کہ اتنی رقم دو ہم اتنے قرآن کا ثواب پہنچا دیں گے یہ موجودہ دنیا کی ایک کڑوی حقیقت ہے اور ہماری بے دینی کا منہ بولتا ثبوت کہ ہم جب ایصال ثواب پر یقین رکھتے ہیں تو یہ کام خود کیوں نہیں کرتے۔ ہم ثواب کے حصول کے آسان طریقے تلاش کرتے رہتے ہیں۔ اس کی کئی مثالیں حیدرآباد اور شہروں میں بڑھتی گداگری ہے۔ ٹریفک سگنل پر جب بھی گاڑیاں ٹھہرتی ہیں تو مانگنے والے کار اور گاڑی کے قریب آ کر مانگنے لگتے ہیں اور ہم ثواب حاصل کرنے کی غرض سے بغیر تحقیق کیے ان لوگوں کو خیرات میں دس بیس کا نوٹ دے دیتے ہیں کیوں کہ اب چلر سکے نہ ہمارے پاس موجود ہوتے ہیں اور نہ فقیر انہیں لینے تیار ہوتے ہیں۔ اب تو گوگل پے سے بھی رقم وصول کی جا رہی ہے۔ ماہ رمضان میں حیدرآباد میں ساری ریاست سے مانگنے والے شہر پہنچ جاتے ہیں اور ایک مہینے میں ان کے پاس اتنی رقم جمع ہو جاتی ہے جس سے ان کا سال بھر کا گزارا ہو جاتا ہے۔ لیکن ان مانگنے والوں میں اکثریت ان لوگوں کی ہوتی ہے جو دو ہاتھ دو پیر کے ہٹے کٹے ہوتے ہیں اور مانگے ہوئے پیسوں سے شراب گانجہ پیتے ہیں گداگری کے گروہ بھی مشہور ہیں جو بچوں کو جان بوجھ کر معذور کر دیتے ہیں اور ان سے خیرات کا کام لے کر انہیں شام میں معمولی رقم دیتے ہیں کچھ لوگ میک اپ اور جھوٹ موٹ کی معذوری کر کے بھیک مانگتے ہوئے پکڑے گئے ہیں۔ مانگنے کا ایک نیا طریقہ کسی غریب کے بارے میں آڈیو ریکارڈنگ ہے اور معذور شخص اسپکیر کے ذریعے مسلسل ایک ہی ریکارڈنگ چلا کر گلی کوچے پھرتا ہے اور اسپیکر سے نکلنے والی درد بھری آواز سن کر لوگ اپنے گھروں سے نکل کر روپیہ دینے لگتے ہیں۔ گداگری کے بارے میں یہ بات بھی بہ طور لطیفہ مشہور ہوئی کہ ایک فقیر جب اپنی بیٹی کی شادی کسی فقیر سے کرتا ہے تو جہیز میں وہ مانگنے کے لیے اپنے داماد کو وہ اہم مقام دیتا ہے جہاں

اسے زیادہ سے زیادہ بھیک ملتی ہے۔آج کل بسوں اورٹرینوں میں بھی مانگنے والے کئی قسم کے نظر آنے لگے ہیں۔ جو چار زبانوں میں ہمدردی کا پرچہ شائع کرواتے ہیں اوربس میں بیٹھے مسافروں کو پرچہ بانٹ کر پیسہ مانگتے ہیں۔اوران کی اچھی خاصی آمدنی ہوجاتی ہے۔ثواب کے کاروبار کے ماڈرن طریقے بھی وجود میں آگئے ہیں بعض این جی او کے نام پر تنظیموں کی جانب سے بیمار' آپریشن یاکسی شدید ضرورت کی خاطر لوگوں کے ہمدردی کے ویڈیو بنا کر گوگل پے سے بھاری رقم وصول کی جاری ہے اور کمیشن لیا جارہا ہے۔اس معاملے میں حقیقی لوگ کم اورفریبی زیادہ ہیں عالمی سطح پر بھی تنظیمیں پیسہ لیتی ہیں اور دردبھرے مناظر دیکھ کر ہم گھر بیٹھے ثواب کی امید میں رقومات منتقل کرتے رہتے ہیں اس جانب بھی احتیاط کی ضرورت ہے۔ کہتے ہیں کہ صدقہ بلاؤں کوٹالتا ہے ایک بیوی سے بیزار شخص مولانا سے پوچھنے لگتا ہے کہ مولانا میں جتنا چاہے صدقہ دوں گا میری سب سے بڑی بلا میری بیوی ہے کیا وہ صدقے سے ٹل جائے گی۔مولانا نے یہ بھی کہا کہ ہم کسی کو بھیک دے کر احسان نہیں کررہے ہیں بلکہ بھیک لینے والا ہم پر احسان کررہا ہے کہ وہ خیرات قبول کرکے ہمارے لیے حصول ثواب کا ذریعہ بنے۔یہ حقیقی ضرورت مند کو دینے پر ہوگا۔ بہرحال ہمارااورآپ کا ماننا ہے کہ اس جہاں میں اللہ سب کو روزی روٹی دیتا ہے لیکن یہ شعور بیدار ہونا ضروری ہے کہ ہم ثواب کے کاربار میں ملوث فریبی لوگوں سے چوکنا رہیں اور حقیقی ضرورت مندوں کوخود مدد کرکے حقیقی ثواب کے حق داربنیں۔

سوراخوں والی تھیلی

اس دنیا میں ہر انسان کی بنیادی ضرورت روٹی کپڑا اور مکان ہے۔ اگر انسان کی زندگی میں شکر کا جذبہ ہو اور وہ اپنے حال پر مطمئن رہ کر آگے بڑھنے کا سوچے تو اس کی زندگی میں چین وسکون ہوگا ورنہ آج کی اس مادہ پرست زندگی میں ہر انسان اپنے سے اعلیٰ فرد کی طرف دیکھے اور اپنے پاس موجود نعمتوں اور سہولتوں پر ناشکری کرے تو وہ کبھی مطئن زندگی نہیں گزار سکتا۔ اور ہمیشہ پریشان اور ناآسودہ رہتا ہے۔ اپنی خواہشوں کی تکمیل کے لیے غلط راستے اختیار کرتا ہے اور اس کی لامتناہی پریشانیوں کا سلسلہ ختم ہی نہیں ہوگا۔ آپ اس مضمون کی سرخی پڑھ کر حیران اور پریشان ہوں گے کہ آخر ماجرا کیا ہے مضمون نگار کہنا کیا چاہتا ہے۔ فرض کریں آپ بنک کو گئے ہیں اور بنک سے حاصل کردہ نوٹ کے بنڈل ایک ایسے بستے اور بیگ میں رکھ کر بنک سے باہر نکلے ہیں جس میں سوراخ ہی سوراخ ہیں اور آپ سفر کے ہنگاموں اور راستے کے شور شرابے میں دیکھ ہی نہیں رہے ہیں کہ سوراخ والے بستے سے نوٹ گرتے جارہے ہیں اور گھر پہنچنے تک بستہ خالی۔ ایک بے وقوف کی تصویر ذہن میں لائیے جو ایک ایسے گھڑے کو نل کے نیچے پانی بھرنے کے لیے رکھتا ہے جس میں ایک دو نہیں کئی سوراخ ہیں اور وہ منتظر ہے کہ پانی کا گھڑا اب بھرا کہ تب بھرا جب کہ جس رفتار سے پانی بھر رہا ہے اسی رفتار سے پانی خالی ہورہا ہے۔ اب ان دو مثالوں کو ہم اچھی طرح سمجھ گئے ہیں لیکن پھر بھی ہم میں سے اکثر کی حالت اس بنک کو لے جانے والے سوراخوں والے بستے اور نل کے نیچے سوراخوں والے گھڑے کو منتظر شخص سے کچھ کم نہیں۔ ایک مرتبہ ایک سرکاری ملازم ایک مولانا کی خدمت میں حاضر ہوا اور کہنے لگا کہ مولانا میری اچھی خاصی ملازمت ہے۔ تنخواہ بھی ایک لاکھ کے آس پاس ہے لیکن پھر بھی میری تنخواہ میں برکت نہیں۔ مولانا نے ان کے ماہانہ اخراجات کی تفصیل پوچھی تو پتہ چلا کہ سرکاری ملازم موصوف نے

ایک عالیشان گھر لینے کے لیے بنک سے ہاؤزنگ لون لیا ہوا ہے جس کی ماہانہ قسط تگڑی ہے۔ لوگوں کے بہکاوے میں آکر ایل آئی سی اور میڈیکل انشورنس کے پریمیم بھرتا ہوں اچھی خاصی رقم اس میں خرچ ہو جاتی ہے چار بچوں کو شہر کے اچھے معیاری اسکولوں میں پڑھاتا ہوں جن کی فیس کچھ زیادہ ہی ہے۔ بیوی جب بھی کوئی دعوت آتی ہے نئے کپڑوں اور زیب وزینت کے سامان خریدتی رہتی ہے۔ پکوان میں کچھ ماہر نہیں اس لیے بچے آئے دن ہوٹل سے آن لائن کھانے منگواتے رہتے ہیں۔ بچوں کے پس گاڑیاں ہیں اوران کے اسمارٹ فون میں ریچارج میں ہی کرتا ہوں۔ان سب باتوں سے میری تنخواہ دس تاریخ کے آس پاس ہی ختم ہو جاتی ہے اور باقی بیس دن گزارنے کے لیے پھر مجھے ساہوکار سے لون لینا پڑتا ہے جس کی واپسی معہ سود مزید بوجھ بن جاتی ہے۔مولانا نے کہا کہ بس بس آپ کی کہانی سارے جہاں کی کہانی ہے۔مولانا نے کہا کہ آپ عقل مند ہیں لیکن ایک ایسی تھیلی میں آپ اپنی تنخواہ ڈال رہے ہیں جس میں سوراخ ہی سوراخ ہیں جب تک ان سوراخوں کو بند نہیں کروگے تنخواہ میں برکت نہیں آئے گی۔ لیجئے صاحب یہ معاملہ آج کے بیشتر متوسط طبقے کے گھرانوں کا ہے جو جھوٹی شان اور معیار زندگی کو بہتر ثابت کرنے کے لیے اپنی آمدنی کا زیادہ حصہ ان خواہشات کی تکمیل میں صرف کرتے ہیں۔ کچھ گھروں میں مرد اور عورت دونوں کماتے ہیں تاکہ زندگی کی گاڑی میں توازن لایا جائے لیکن ایک دوسرے پر الزامات تراشی میں ان گھروں میں بھی سکون نہیں ہے۔ ہمارے حیدرآباد کے ہی ایک مشہور عالم دین اللہ انہیں غریق رحمت کرے مولانا عاقل صاحب تھے جو اپنے وعظ کے دوران کبھی کبھی ہنسی کی بات کرتے کرتے پتے کی بات کر جاتے تھے ایک مرتبہ انہوں نے مسلمانوں کی معاشی بدحالی کی وجہہ بیان کرتے ہوئے کہا کہ ہم مسلمان حرام وحلال کی تمیز کھو بیٹھے ہیں انہوں نے کہا کہ لوگو بتاؤ اگر حرام اور حلال میں سے شروع کا ح کھا جائیں تو کیا بچے گا۔ مجمع میں سے کسی نے کہا کہ رام لال تو مولانا عاقل نے کہا کہ رام لال اور ہم میں آج کچھ فرق بچا ہے کیا۔ اس طرح ہم دیکھتے ہیں کہ لوگ کیا کہیں گے سماج میں ہماری ناک کٹ جائے گی یہ دلوں میں رکھ کر

متوسط طبقے کے لوگ بھاری بھاری قرض لے کر بچوں کی شادیوں میں اسراف کر رہے ہیں۔لباس کھانے اور دیگر غیر ضروری رسومات میں دولت خرچ ہو رہی ہے۔سرکاری مدارس اور کالجوں کو چھوڑ کر خانگی اداروں میں بچوں کی تعلیم کے لیے بھاری فیس اور ہر بچے کے ہاتھ میں ہزاروں روپے کے اسمارٹ فون ہماری تباہی کی بنیادی وجوہ ہیں اور ہم اسی خالی تھیلی کے مالک ہیں جس میں ہر مہینہ تنخواہ کی شکل میں لاکھ روپے ڈالے جاتے ہیں اور کئی قسم کہ اقساط کی ادائیگی میں ہماری تنخواہ اسی سوراخوں والی تھیلی سے خالی ہوتی جاتی ہے۔جس مولانا سے سرکاری ملازم نے سوال کیا تھا ان مولانا کی تنخواہ دس بیس ہزار سے ذائد نہیں لیکن جب بھی پوچھیں پانچ سو ہزار دینے کے لیے تیار اور کبھی زندگی میں دولت کی کمی کی شکوہ نہیں کیا۔اس لیے تمام سوراخوں والی تھیلی کے مالکین سمجھ لیں کہ جتنی چادر اتنا پیر پھیلائیں۔پیر لانبے کرنے اور چادر کو لانبا کرنے کی کوشش نہ کریں۔

ٹماٹر کی ناراضگی!

بریکنگ نیوز اور خبروں کی بھرمار کے اس دور میں کس نے سوچا تھا کہ آپ کی ہماری اور عام آدمی کی مقبول عام ترکاری ٹماٹر اپنا رنگ دکھائے گی اور وہ بھی قومی اور بین الاقوامی سرخیوں میں جگہ پالے گی۔ جی ہاں صاحب عام آدمی کی پریشانیوں کے خاتمے کا سلسلہ ختم ہی نہیں ہو رہا ہے کچھ دن تک ہم پٹرول کی بڑھتی قیمتوں سے پریشان تھے کہ پٹرول نے سنچری مکمل کر لی لیکن بھلا ہو یا برا ہو اس افراط زر کا کہ اب پٹرول کی سو روپے سے زائد قیمت اور گیس کی ہزار سے زیادہ قیمت اب عام آدمی کی قوت خرید میں آ گئی ہے لیکن کس نے یہ سوچا تھا کہ دس روپے کلو یا دو کلو تک قیمت گر جانے والے لال ٹماٹر کے دام اس قدر بڑھ جائیں گے کہ کیا ہندوستان کیا پاکستان دونوں ممالک کے لوگ اس کے بارے میں فکر مند ہونے لگیں گے۔ ٹماٹر نے اپنی اوقات دکھانے کے لیے ناراضگی کا جو سلسلہ شروع کیا ہے وہ ختم ہی نہیں ہو پا رہا ہے اور اس کے بارے میں کئی لطیفے بن رہے ہیں۔ پہلے چور گھروں میں سونا روپیہ چرانے ڈکیتی کرتے تھے اب معلوم ہوا کہ فریج سے ٹماٹر بھی چوری ہو رہے ہیں۔ اور جس گھر میں بھاری مقدار میں ٹماٹر نکلیں وہ گھر سماج میں سرمایہ دار کے طور پر دیکھا جا رہا ہے۔ اپنی بیویوں سے پیار و محبت کرنے والے شوہر اپنی شادی کی سالگرہ پر بیویوں کو تازہ ٹماٹر سے بھری ٹوکریاں خوبصورت گفٹ پیک کے ساتھ تحفے میں دے رہے ہیں اور اس کی تصاویر سوشل میڈیا پر شئر کرتے ہوئے محبت کرنے والے شوہر کا خطاب پا رہے ہیں۔ کچھ بنک آسان قسطوں پر ٹماٹر ادھار دلانے کا آفر دے رہے ہیں۔ ٹماٹر سے لدی گاڑی الٹ گئی تو ٹماٹر کے مالک کو بھاری نقصان سے بچانے اور عوام کو لوٹ مار سے روکنے کے لیے پولیس کو خصوصی بندوبست کرتے دیکھا جا رہا ہے۔ ایک دکان دار نے ٹماٹر کا ٹوکرا بیچنے کے لیے رکھا اور اس ٹوکرے کی حفاظت کے لیے ایک باؤنسر رکھا جسے پرانے زمانے کے لوگ نگہبان یا محافظ کہتے تھے تا کہ ٹماٹر کی چوری روکی جاسکے۔ نوجوان دوست اپنے

دوست کی شادی پر پہلے پودینے کا ہار معہ مرفہ لے جایا کرتے تھے اب ایک خوبصورت ڈبا تحفے میں دے رہے ہیں گھر جا کر جب اس ڈبے کو کھولا گیا تو کئی ڈبوں کے اندر ایک خوبصورت ٹماٹر بہ طور تحفہ دیا گیا تھا۔ایک ترکاری فروش کی دکان پر پولیس پہنچ گئی کیوں کہ وہاں ایک شخص کا دل کی حرکت بند ہونے سے انتقال ہو گیا تھا۔ پولس کے دریافت کرنے پر ترکاری فروش نے کہا کہ کچھ نہیں صاحب اس نے ٹماٹر کا بھاؤ پوچھا تھا اور میں نے اس کی قیمت بتائی تو وہ گھبرا کر گرا اور مر گیا۔ایک چالاک لڑکی اپنے بوائے فرینڈ کو اپنے ہاتھ میں تین ٹماٹر دکھاتی ہے۔لڑکا پوچھتا ہے کہ تم نے یہ ٹماٹر کہاں سے لائے لڑکی کہتی ہے کہ میں نے ترکای کی دکان پر ایک ٹماٹر ہاتھ میں لیا دوسرا لے کر بھاگنے لگی۔لڑکے نے پوچھا تیسرا کہاں سے آیا تب لڑکی کہتی ہے کہ ترکاری فروش نے تیسرا ٹماٹر مجھ پر پھینکا تو میں نے لپک لیا۔کبھی ہم نے سنا تھا کہ کسی سیاست دان پر عوامی غصہ اتارنا ہے تو اس پر انڈوں اور ٹماٹر پھینکے جاتے تھے اب عوام کو بھی دیکھ لینا چاہیے کہ اب وہ کیا پھینکیں گے۔ پہلے پیاز نے اپنی ناراضگی دکھا کر حکومت کو آنسو لانے اور شکست پر مجبور کر دیا تھا اب ٹماٹر اور اس کے ساتھ ادرک میں دوڑ چل رہی ہے کہ مہنگائی میں کون کس کو پیچھے چھوڑے گا۔ معاشیات کا اصول ہے کہ جب کسی چیز کی طلب بڑھ جائے اور رسد گھٹ جائے تو اس کی قیمت میں اضافہ ہوتا ہے۔ٹماٹر کی قلت کی وجوہات کا جب پتہ لگانے کی کوشش کی گئی تو جناب گوگل نے کہا کہ ہر سال ماہ نومبر تا مئی بارش کم ہونے کے سبب کسان اس کی فصل کم لگا رہے ہیں اس وجہ سے ٹماٹر کی قلت ہو رہی ہے۔ دوسری وجہہ جب ٹماٹر زیادہ مقدار میں پیدا ہوں تو ان کی مناسب قیمت نہیں ملتی اور اس کی ایک جگہ سے دوسری جگہ منتقلی میں جو کرایہ لگتا ہے وہ بھی کسان ادا نہیں کر پاتے اور اکثر ہم نے تصویروں میں دیکھا کہ بہ طور احتجاج کسان ٹماٹر کو سڑکوں پر پھینک کر چلے گئے۔اب حکومت کی یہ ذمہ داری ہے کہ وہ جس طرح دھان کی خریداری کی قیمتیں مقرر کرتی ہے اسی طرح ٹماٹر کی قیمت بھی مقرر کرے تا کہ عام آدمی کی یہ ترکاری سال کے کچھ خاص دنوں میں یوں مہنگی نہ ہو اور ہماری سرخیوں میں بنی رہے۔ کچھ بھکت لوگ کہتے ہیں کہ ٹماٹر کی قیمت

بڑھی تو کیا ہوا ہم مہنگا ٹماٹر بھی خریدیں گے۔ کچھ فرقہ پرست ٹماٹر کی مہنگائی میں بھی ہندو مسلم کا گوشہ تلاش کر رہے ہیں اور کہہ رہے ہیں کہ گاؤں میں ٹماٹر سستا ہے لیکن شہروں میں جو مخصوص طبقہ کے لوگ اس کا کاروبار کرتے ہیں وہ اس کی قیمتیں بڑھا رہے ہیں۔ ترکاریوں کے رنگ میں بھی ہندو مسلم تلاش کرنے والوں کو وقت ہی سزا دے گا۔ ٹماٹر کی مہنگائی اور ناراضگی کا سب سے زیادہ اثر گھریلو خواتین پر پڑا ہے کہ ایک طرف انہیں گھر کا بجٹ کنٹرول کرنا ہوتا ہے تو دوسری طرف مزے دار پکوان پکا کر شوہر اور بچوں کو خوش رکھنا ہوتا ہے دکن میں ہر سالن میں مزہ لانے کے لیے ٹماٹر شامل کیا جاتا ہے اب اس کا متبادل تلاش کرنے کی کوشش کی جارہی ہے کچھ وظیفہ یاب لوگ فرصت کے اوقات میں گھر کی چھت پر ترکاریوں کی کاشت کرتے تھے اب انہیں بھی ڈر ہے کہ کہیں رات کے وقت کوئی پڑوسی ان کے گھر لگے ٹماٹر نہ چرالے۔ پہلے لوگ ہوٹل میں ڈنر کرنے کو فخر سمجھا کرتے تھے اب کسی مجلس میں یہ کہیں کہ آج ان کے گھر ٹماٹر کا سالن پکا ہے تو یہ بات ان کے لیے فخر کا باعث ہوگی۔ پیاز کی مہنگائی نے جہاں لوگوں کے آنسو بہائے تھے اب ڈر ہے کہ لال ٹماٹر کے حصول میں کہیں لوگ آپس میں اپنا خون خرابہ نہ کرلیں اس لیے ایسا کچھ منصوبہ بنایا جائے کہ ٹماٹر کی ناراضگی دور ہو اور ہمارے اپنے گھروں میں پھر سے ٹماٹر کے ساتھ مزیدار سالن پکنے لگیں گے۔

اُردو تحقیق کا کارخانہ

یہ دنیا قدرت کا تخلیق کردہ بہت بڑا عجائب خانہ ہے۔ یہاں زندگی کے کئی عجائبات ہیں جن کے بارے میں جان کر دنیا والے دنگ رہ جاتے ہیں کہ کیا ایسا بھی ممکن ہے۔ لفظ کارخانہ سنتے ہیں ہمارے ذہنوں میں ایک ایسا مقام آجاتا ہے جہاں مشینوں کے ذریعے ایک مخصوص ڈائی یعنی ہئیت میں مسلسل اشیاء تیار ہوتی رہتی ہیں ادھر خام مال ڈالا ادھر اشیاء تیار۔ لیکن اس مضمون کی سرخی پڑھ کو لوگوں کو تعجب ہوگا کہ اردو تحقیق بھی کہیں کارخانے میں ہوتی ہے۔ تحقیق کا لفظ سنتے ہی ہمار ذہنوں میں خیال آتا ہے کہ کھوج لگانا ڈھونڈنا حقیقت تک پہنچنا وغیرہ۔ اردو میں رشید حسن خان مالک رام اور دیگر کئی محققین گزرے ہیں جنہوں نے اردو زبان وادب کے پوشیدہ گوشوں کو تلاش کرنے کے لیے اپنی زندگیاں لگا دیں لیکن نہ کبھی ڈاکٹر کہلائے نہ پروفیسر بلکہ اردو کے محقق کہلائے۔ ان دنوں ہماری جامعات کے اردو شعبہ جات میں ڈگری کے لیے جو تحقیقی مقالہ داخل کیا جاتا ہے اسے جامعاتی تحقیق کہتے ہیں۔ ابھی کچھ دن پہلے کی بات ہے کہ ہمارے پروفیسر حضرات محقق کے کام کو اس قدر رد کرتے تھے کہ بیچارہ تحقیقی مقالہ لکھتے لکھتے بوڑھا ہو جاتا تھا۔ اور ایک مانا ہوا محقق بن کر ابھرتا تھا۔ اب اردو کی جو صورتحال ہے اردو کی جامعات کی بھی وہی صورتحال ہے۔ اردو کے ہمارے ایک پروفیسر گیان چند جین نے اردو کے نئے محققین کے حوالے سے شائد درست ہی کہا تھا کہ اب ریسرچ میں لڑکا ملازمت کے انتظار میں اور لڑکی شادی کے انتظار میں داخلہ لیتے ہیں انہیں پڑھنے لکھنے اور تحقیق کرنے سے کیا سروکار۔ کچھ محقق یونیورسٹیوں میں ملنے والی اسکالرشپ کی خاطر داخلہ لیتے ہیں اور جب انہیں مقالہ داخل کرنا ہوتو وہ تحقیق کے کارخانے سے رجوع ہوتے ہیں جس طرح گیہوں پیسنے کی گرنی میں ایک طرف گیہوں ڈالو اور گرنی چلاؤ تو دوسری طرف آٹا گرتا ہے جس طرح اے ٹی ایم کی مشین میں کارڈ

ڈالواور نمبر لگاؤ تو روپے نکلتے ہیں اسی طرح ان دنوں اردو تحقیق کے کارخانوں میں بھی دیئے گئے موضوع سے متعلق مقالہ لکھنے کے لئے مقررہ رقم پیش کی جائے تو دوسری طرف مہینے دو مہینوں میں بھرپور مقالہ تیار مل جاتا ہے۔ اردو تحقیق کے یہ کارخانے جابجا عام ہوتے جارہے ہیں اور بڑے دھڑلے سے ان کارخانوں میں ری سائیکل مقالے نکل رہے ہیں۔ زبانی امتحان کے بعد بڑی بڑی جامعات سے پی ایچ ڈی کی ڈگریاں ایوارڈ ہورہی ہیں اور جنہیں اردو کے دو جملے برابر لکھنا نہیں آتا وہ ڈاکٹر صاحب بنے اردو جلسوں کی صدارت کررہے ہیں۔ ایک پروفیسر نے اپنے ایک اسکالر کو اس امید پر پی ایچ ڈی میں داخلہ دیا کہ جب اس کا مقالہ مکمل ہو جائے تو اپنی بیٹی سے اس کی شادی کردوں گا اور کسی یونیورسٹی میں اسے پروفیسر لگوادوں گا۔ اسکالر نے اپنے نگران کی بات میں ہاں میں ہاں ملائی۔ تحقیق کے کارخانے میں بہت جلد مقالہ ڈھل کر نکل گیا جب اسکالر کو ڈگری ایوارڈ ہوگئی تو پروفیسر نے اسے اپنا وعدہ یاد دلایا تب معصومیت سے مکار اسکالر نے کہا کہ صاحب میں تو شادی شدہ ہوں۔ پروفیسر نے جب پوچھا کہ تو نے جھوٹ کیوں بولا تو اس نے کہا کہ کیا کروں صاحب مجھے بھی پی ایچ ڈی کرنا تھا۔ اردو تحقیق کے اس کارخانے میں کچھ پروفیسر اپنے اسکالر کو دھوبی کا کتا بنادیتے ہیں روزانہ وہ پروفیسر کے گھر کے چکر لگاتا ہے ترکاری دودھ لانا کپڑے دھلوانا اور پروفیسر کی بیگم کو شاپنگ کروانا اور روزانہ پروفیسر کو یونیورسٹی تک لانا لے جانا اس کی غلامی میں شامل ہوتا ہے۔ کچھ لڑکیاں پروفیسروں کے جال میں پھنس جاتی ہیں اور ایک ڈگری کی خاطر اپنی عزت سے سودا کرلیتی ہیں اسی طرح کے پروفیسروں کو لنگی پروفیسر کہا جاتا ہے جو ایک دو نہیں کئی مل جاتے ہیں۔ کچھ پروفیسر مزے دار کھانوں کے شوقین ہوتے ہیں اور ہر دفعہ اچھے توشے کے منتظر رہتے ہیں۔ ہاں تو بات چلی تھی اردو تحقیق کے کارخانے کی۔ آج کل اردو میں کسی شخصیت کی حیات اور کارنامے اور تحقیقی وتنقیدی جائزہ موضوعات پر ری سائکل مقالے بہت لکھے جاتے ہیں۔ اردو تحقیق کے بارے میں کہا جاتا ہے کہ دس کتابیں سامنے رکھو ایک مقالہ تیار۔ اس طرح کے کارخانہ چلانے والے اپنے کمپیوٹر میں بہت سا کام رکھتے ہیں اور

کاپی پیسٹ مقالے پیش کرتے رہتے ہیں۔اس کارخانے سے ڈھلے ایک فن اور شخصیت مقالے کے زبانی امتحان کے دوران جب اسکالر سے پوچھا گیا کہ آپ نے جن شخصیت پر کام کیا ہے کیا وہ زندہ ہیں یا مر گئے تو جواب ملا مر گئے جب کہ صاحب موصوف زندہ تھے۔ بے روزگاری کے اس ہیبت ناک زمانے میں علم کے ساتھ یہ مذاق ہو رہا ہے کہ کیا پی ایچ ڈی کیا پوسٹ گرائجویشن کیا ڈگری ریکارڈ بنانے کے نام پر بہت سے ادارے علمی کارخانوں میں بدل گئے ہیں جہاں ہر قسم کے موضوعات پر تیار پراجیکٹ خوبصورت گیٹ اپ میں فراہم کئے جارہے ہیں۔جس طرح طرحی مشاعرے میں استاد کے ہاتھ کی غزل شاگرد پیسے دے کر لکھا کر لاتا ہے اور مشاعرے میں شعر پڑھتے ہوئے استاد سے کہتا ہے کہ توجہ چاہوں گا تو استاد دل ہی دل مین کہتے ہیں کہ بدمعاش میری لکھی غزل پر مجھ سے ہی توجہ چاہتا ہے اسی طرح اردو تحقیق کے کارخانے سے ڈھلے مقالے لکھوا کر ڈگری یافتہ شاگرد جب پروفیسر بن جاتا ہے اور کسی محفل میں صدارت کرتا ہے تو اسی کارخانے والے کو توجہ چاہوں گا جناب کہہ کر مذاق بناتا ہے۔انگریزی میں مواد کی چوری چیک کرنے کے لیے آن لائن سسٹم آ گیا ہے اسی طرح اردو میں بھی اگر یہ نظام آ گیا تو بہت سے سفید پوش بے نقاب ہو سکتے ہیں۔اب بھی ہمارے سماج میں کچھ ایسے گہرے مطالعہ کرنے والے ایسے ہیں جو کسی شاعر کی چوری کردہ غزل یا کسی مقالہ نگار کے چوری کردہ مواد کو پکڑ کر سوشل میڈیا کے ذریعے انہیں بے نقاب کرتے ہیں۔لیکن اردو کارخانے کے یہ مقالے اس لیے پکڑ میں نہیں آتے کہ یہ مقالے چھپنے کے لیے نہیں بلکہ چُھپنے لیے لکھوائے جاتے ہیں۔اردو میں یہ چور بازاری اس لیے عام ہے کہ اردو کے شعبہ جات برقرار رہیں اور کچھ لوگوں کو اردو میں لاکھوں کی روٹی ملتی رہے لیکن اس سے اردو تحقیق کے ساتھ جو ظلم ہو رہا ہے وہ خدا ہی جانے۔کہا جاتا تھا کہ پہلے مقالہ نگار کے چپل گھسائے جاتے تھے جب کہیں جا کہ مقالے کو منظوری ملتی تھی اب تو کارخانے کے اس دور میں جو جتنا مال دے گا اس کا کام اتنا ہی ہوگا۔سنا ہے کہ جامعات میں جہاں بھاری اسکالرشپ ملتی ہے وہاں اسکالروں سے کمیشن لیا جاتا ہے تقررات کا عالم بھی کچھ ڈھکا چھپا نہیں۔

اس گرتی صورتحال میں اگر لگان نہ لگائی گئی تو کارخانوں میں جہاں مقالے ڈھلتے نظر آتے ہیں بہت دن دور نہیں جب اردو زبان کے تابوت میں آخری کیل لگ جائے گی اور ہم اردو بچاؤ کے کھوکھلے نعرے لگاتے رہ جائیں گے۔

واٹس اپ مزدوری

ان دنوں دنیا بھر کے لوگ جس مزدوری سے جڑے ہیں وہ واٹس اپ مزدوری ہے۔ جی ہاں یہ ایک قسم کی مزدوری ہی ہے۔ جس پر کیا بوڑھا کیا نوجوان کیا بچہ کیا عورت سب صبح سے شام تک لگے ہوتے ہیں اور یہ نوکری کار ثواب سمجھ کر بھی کی جاتی ہے۔ ایک مرتبہ ایک نوجوان کا شادی کا رشتہ لڑکی والوں کو بھیجا گیا۔ لڑکی والوں نے لڑکے کے جاب کے بارے میں پوچھا تو کہا گیا کہ لڑکے کا فارورڈنگ اینڈ کلیرنگ کا کاروبار ہے اچھا کما لیتا ہے۔ لڑکی والوں نے کہا کہ بہت خوب ہماری لڑکی بھی اسی کام سے جڑی ہے دونوں کی خوب جمے گی۔ لڑکے والوں نے وضاحت طلب کی تو لڑکی کی ماں نے کہا کہ ہماری لڑکی بھی صبح سے شام تک واٹس اپ اور انسٹاگرام پر پوسٹ فارورڈنگ کرتی رہتی ہے اور جب شام میں فون میں بہت ساری تصاویر اور ویڈیوز آجاتی ہیں تو ان کی کلیرنگ کرتی رہتی ہے۔ کچھ اس طرح کا جاب یا مزدوری اس واٹس اپ بنانے والے نے دنیا بھر کے فون استعمال کرنے والوں کے لیے لازمی کردی ہے۔ صبح نیند سے بیدار ہوئے ضروریات سے فارغ ہو کر نماز پڑھے یا نہیں پہلے پاس میں رکھے فون کو کھولتے ہیں اور واٹس اپ چیک کرتے ہیں کہ کس نے کیا بھیجا۔ بہت سے بیروزگار لوگ بھی ایسا فون کھول کر دیکھتے ہیں جیسے کسی سرکاری ملازم کو اس کے افسر نے کوئی اہم پیغام بھیجا ہو اور اسے دیکھنا لازمی ہے تا کہ حکم عدولی نہ ہو۔ نماز سے سلام پھیرا نہیں سامنے رکھے فون کو کھول کر دیکھتے ہیں کیا کیا اطلاع ہے۔ تراویح کی چار رکعت پڑھی کہ نہیں تمام صفوں میں نوجوانوں کے فون آن ہو جاتے ہیں کہ کیا تازہ اطلاع ہے کہ کہیں محبوبہ نے کچھ پیغام تو نہیں بھیجا۔ واٹس اپ کو یونیورسٹی بھی کہا جاتا ہے جہاں اب گھر بیٹھے ہر قسم کی پڑھائی ہو جاتی ہے۔ کچھ بندے صبح ہوتے ہی کہیں سے کچھ اچھی بات لکھ دیتے ہیں۔ اور اسے اپنے دوستوں کو فارورڈ کر دیتے ہیں۔ یہ اچھی

بات دین کی ہوتی ہے۔صحت سے متعلق ہوتی ہے۔ حالات حاضرہ میں حکومت کی سازش سے متعلق ہوتی ہے یا سماجی زندگی سے متعلق۔اب جیسے ہی ہم نے وہ تحریر پڑھ لی یا تصویر دیکھ لی ہمارے ذہن کا مبلغ انسان جاگ جاتا ہےہمیں محسوس ہوتا ہے کہ ضرور اس بات کو اپنے دوست احباب کو دکھانا چاہیے چنانچہ فارورڈنگ کا عمل شروع ہوجاتا ہےاور دیکھتے ہی دیکھتے جنگل کی آگ کی طرح وہ پیغام سب کےفون میں پہنچ جاتا ہے۔لوگوں کو بہت سے گروپوں میں رہنے کی عادت ہوتی ہےاور لوگ فرمائش بھی کرتے ہیں کہ اگر آپ کسی اچھے گروپ میں ہوں تو مجھے بھی شامل کردیجئے اس طرح ایک پیغام سینکڑوں گروپوں میں پہنچ جاتا ہے۔واٹس اپ گروپ کا ایک گروپ ایڈمن بھی ہوتا ہےجس طرح ایک سرکاری افسر ایک محکمہ چلاتا ہے اسی طرح گروپ ایڈمن بھی اپنے آپ کوگروپ کا افسر سمجھتا ہےاور وہ ہدایات دیتا رہتا ہے کہ ایسے پوسٹ ڈالیے ایسے مت ڈالیے ورنہ آپ کوگروپ سے میوٹ کردیا جائے گا۔واٹس اپ پر ایک بیماری اسٹیٹس ڈالنے کی ہے۔ہمیں اس کی عادت نہیں ہےتو ہمارے ایک طالب علم نے پوچھا سر آپ کے واٹس اپ پر کوئی اسٹیٹس نہیں ہے۔اسٹیٹس کی تصویر باضابطہ روز بدلی جاتی ہےاور اسٹیٹس کا پیغام آپ کی شخصیت کا آئینہ دار ہوتا ہے۔جب ہم کوئی اسٹیٹس ڈالتے ہیں تو ہر دس منٹ کے بعد اسے دیکھتے ہیں کہ ہمارے پیغام کوکن کن افراد نے دیکھا کتنے سولوگوں نے دیکھا۔لوگ گھر کے کام کریں یا نہ کریں ملازمت پر اپنے فرائض بہ خوبی انجام دیں یا نہ دیں لیکن واٹس اپ کی مزدوری خوب کریں گے۔یہ ایک ایسی بیماری یا کھجلی ہے کہ ہر تھوڑی دیر کے بعد واٹس اپ کھول کر دیکھا جاتا ہے کہ کس نے کیا بھیجا ہے۔اور فوری سوال کا جواب دیا جاتا ہے۔نوجوان واٹس اپ پر ٹائپ کرنے کے بڑے ماہر ہوتے ہیں دوانگلیوں سے ایسا ٹائپ کرتے ہیں جیسے کوئی ماہر ٹائپسٹ ٹائپ کرتا ہے واٹس اپ سے پتہ چل جاتا ہے کہ کوئی کب واٹس اپ استعمال کیا تھا کیوں کہ اس میں لاسٹ سین دکھاتا ہے بیوی سے بیزار شوہر اور غیر شادی شدہ افراد کے واٹس اپ میں رات دو بجے تین بجے چار بجے بھی لاسٹ سین دکھاتا ہے۔کچھ کے تو تازہ تازہ لاسٹ سین ہوتا ہے

۔واٹس اپ میں جب بھی کوئی پیغام آتا ہے تو ایک سکہ گرنے کی آواز آتی ہے اور جب ہم پیغام دیکھ لیتے ہیں تو فریق مخالف کو فوری بلوٹک چلا جاتا ہے اگر یہ بلوٹک نظر نہ آئے تو ہم اپنے دوست سے شکوہ کرتے ہیں کیا بات ہے آپ مجھے نظر انداز کر رہے ہیں میں نے جو پیغام بھیجا ہے اسے ابھی تک نہیں دیکھا۔ پہلے لوگ شادی کے رقعے گھر جا کر دیا کرتے تھے اب تو واٹس اپ پر ہی شادی کی دعوتیں دی جارہی ہیں۔ اور مبارکبادیاں بھی واٹس پر ہی دی جارہی ہیں۔عید ہو یا سالگرہ شادی ہو یا کوئی اور خوشی کی اطلاع جب واٹس اپ پر شئیر کی جاتی ہے تو مبارکبادیوں کا سلسلہ چل پڑتا ہے۔ایک بھولی بھالی عورت نوٹ لے کر اس کی تصاویر لے رہی تھی شوہر نے پوچھا کیا کر رہی ہو تو معصوم بیوی نے کہا کہ رقم ٹرانسفر کر رہی ہوں۔ پہلے اخبار میں کوئی خبر آئی تو اس کا چرچا ہوتا تھا کہ فلاں حادثہ ہوا اب تو یہ کام واٹس اپ یونیورسٹی پر ہو رہا ہے۔ جھوٹ کو اتنا پھیلایا جارہا ہے کہ وہ سچ ثابت ہو رہا ہے۔گھر میں لوگ دن میں ایک مرتبہ جس طرح بلدیہ کی گاڑی میں کچرا ڈالتے ہیں اسی طرح لوگ فون میں آئی تصاویر اور ویڈیوز کے کچرے کو صاف کرتے ہیں ورنہ فون کی میموری اس کچرے سے بھر جائے گی۔واٹس اپ سے اخبار والوں کا بھی نقصان ہوا ہے اب پل پل کی خبریں واٹس اپ پر مل رہی ہیں اور روزانہ کے اخبارات کی پی ڈی ایف فائل بھی۔واٹس اپ نے بیویوں کو شکایت کا موقع دے دیا ہے کہ اب تو تم مجھے اتنا وقت نہیں دیتے جتنا واٹس اپ کو دیتے ہو۔یہی حال شوہروں کا ہے جو فون کی عادی بیوی سے شکوہ کرتے ہیں۔فون کو لاک بھی اسی لیے رکھا جاتا ہے کہ کوئی چوری چھپے ہمارے رازداری کے پیغام نہ پڑھ لے۔ زندگی کے ہر شعبے میں اس کا استعمال لازمی ہوگیا ہے۔اس واٹس اپ نے لوگوں کی زندگیوں سے نہ صرف قیمتی وقت چھین لیا ہے بلکہ حقیقی ملاقاتوں کو بھی ختم کر دیا ہے۔بس یہی امید کی جاسکتی ہے کہ اس بلا کا خاتمہ ہو اور پھر پرانا دور واپس آجائے۔

ایک گدھے کی سرگذشت

ہمارے قصے کہانیوں کا مرکزی کردار انسان ہی ہوتے ہیں۔لیکن ایک گدھا بھی کسی قصے کا مرکزی کردار ہوسکتا ہے شائد کسی کے گمان میں نہ ہولیکن آیئے آج ہم آپ کوایک گدھے کی سرگذشت سناتے ہیں جو ہم انسانوں کو کچھ سبق پڑھانا چاہتا ہے۔زمانہ قدیم میں داستانوں میں تمثیل نگاری سے کام لیا جاتا تھا۔تمثیل نگاری میں کسی جانور یا بے جان چیز کوانسانوں کی زبان میں بات کرتا دکھایا جاتا تھا۔اوران سے سبق آموز باتیں کہلائی جاتی تھیں۔اردو کی داستان سب رس اور مثنوی گلزار نسیم میں اس طرح کی مثالیں پائی جاتی ہیں۔ذیل میں ایک حکایت پیش کی جارہی ہے۔جوموجودہ دور کے انسانوں کے لئے انتہائی سبق آموز ہے۔

ایک دفعہ کا ذکر ہے کہ گدھوں کے ایک گروہ میں ایک نوجوان گدھے نے اچانک کھانہ پینا چھوڑ دیا۔جس کے سبب وہ کمزور اور لاغر ہوگیا۔اور وہ کسی کام کا نہیں رہ گیا تھا۔اپنے بیٹے کی ایسی حالت دیکھ کر اس کا گدھا باپ بھی پریشان ہو اُٹھا۔باپ آخر باپ ہوتا ہے۔اس سے اس کے بیٹے کی پریشانی دیکھی نہ گئی اوراس نے اپنے بیٹے کوایک دن تنہائی میں بلا کر اس کی پریشانی کا راز پوچھا۔اور کہا کہ ہمارے رہنے کی جگہ پر تو کھانے کے لئے اچھی سے اچھی غذا موجود ہے۔آخر تمہیں ایسا کونسا روگ لگ گیا ہے کہ تم نے کھانا پینا ہی چھوڑ دیا۔کس نے تمہارا دل دکھایا ہے کس نے تمہیں ستایا ہے۔آخر کچھ تو بتاؤ۔نوجوان گدھے نے اپنا سر اُٹھایا اور ڈبڈباتی آنکھوں سے آنسو بہاتے ہوئے کہا کہ اے والد محترم مجھے اپنی ذات کے کسی گدھے نے تکلیف نہیں پہونچائی ہے بلکہ مجھے تو تکلیف حضرت انسان نے پہونچائی ہے۔انسانوں نے اپنی حرکتوں اوراپنی باتوں سے میرا دل توڑ دیا ہے۔گدھے کے باپ نے پوچھا ’’ایسا کیا کیا ہے ان انسانوں نے تیرے ساتھ‘‘۔تو نوجوان گدھے نے کہا کہ’’ ان انسانوں نے میرا مذاق اُڑایا

ہے''۔وہ کیسے باپ نے پوچھا۔ بیٹے نے جواب دیا کیا آپ نہیں دیکھتے۔کس طرح بلا سبب انسان ہم پر ڈنڈے برساتے ہیں۔اور جب ان ہی میں سے کوئی شرمناک حرکت کرے تو اسے گدھا کہہ کر مخاطب کرتے ہیں۔کیا ہم ایسے ہیں۔اور جب انسانوں کی اولاد میں سے کوئی گھٹیا حرکت کرے تو اسے گدھے سے تشبیہہ دیتے ہیں۔اپنے انسانوں میں جاہل ترین لوگوں کو گدھا کہتے ہیں۔اے والد محترم بتایئے تو سہی کیا ہم ایسے ہیں۔ہم ہیں کہ بغیر سستی اور کاہلی کے انسان کے لئے کام کرتے ہیں۔انسانوں کا بوجھ اُٹھاتے ہیں۔دھوبی کا گدھا تو مشہور ہے۔جس کے بارے میں ان انسانوں نے یہ محاورہ بنالیا کہ''دھوبی کا گدھا نہ گھر کا نہ گھاٹ کا''ہم ان سب باتوں کو خوب سمجھتے ہیں اور جانتے ہیں کیا ہمارے بھی کچھ احساسات ہیں یا نہیں۔انسانوں کی ہماری ذات کے بارے میں اس طرح کی جلی کٹی باتوں نے میرا دل دکھایا ہے۔اور میں سوچ رہا ہوں کہ خدا نے مجھے گدھا کیوں بنایا۔گدھا باپ اپنے گدھے بیٹے کی ان فلسفیانہ اور غم میں ڈوبی باتوں کو فکر مندی سے سنتا رہا ہے۔اس سے کوئی جواب نہیں بن پا رہا تھا۔وہ جانتا تھا کہ اس کا بیٹا کم عمری میں کیسی ذہنی اذیت کا شکار ہو گیا ہے۔اور اسے یہ بھی احساس تھا کہ میں کھڑے کھڑے کانوں کو ہلاتے ہوئے چپ نہیں رہ سکتا اور ایسی کوئی ترکیب کرنی ہوگی جس سے اس کے بیٹے کو انسانوں سے نفرت کرنا ہوگا اور اپنی گدھا ذات پر شکر ادا کرنا ہوگا۔باپ کے ذہن میں ایک ترکیب آئی۔کچھ دیر توقف کے بعد اس نے اپنے بیٹے کو قریب بلایا اور کہا بیٹے میری بات غور سے سن۔جو لوگ اپنی ہی طرح کے لوگوں کو گدھا کہتے ہیں دراصل یہ وہ انسان ہیں جن کو اللہ تعالیٰ نے پیدا کیا۔انہیں زبان دی اور علم دیا اور انہیں ہم جیسی اٹھارہ ہزار مخلوقات پر فوقیت دیتے ہوئے انہیں اشرف المخلوقات کا لقب دیا۔لیکن انہوں نے ناشکری کی۔اور اللہ اور اس کے رسول ﷺ کی بتائی ہوئی راہ پر چلنے کے بجائے شیطان کی راہ اختیار کی اور شیطانی بہکاوے میں آکر اپنے جیسے لوگوں کو ستانا شروع کیا لوگوں پر مظالم ڈھانے شروع کئے۔اور انسانوں کے انسانوں پر ڈھائے جانے والے مظالم ہم جیسے گدھوں پر انسانوں کے ڈھائے جانے والے مظالم سے کہیں

زیادہ ہیں۔مثال کے طور پر دیکھو تم نے کہیں دیکھا کہ کوئی گدھا اپنے ہی بھائی جیسے کسی گدھے کا مال چراتا ہو؟ یا تو نے کبھی ایسا سنا کہ کسی گدھے نے اپنے ہم سائے گدھے کو راتوں رات لوٹ لیا ہو۔یا تو نے کہیں دیکھا ہے کہ کوئی گدھا اپنے ہی جیسے کسی گدھے کی پیٹھ پیچھے برائی یا غیبت کرتا ہو؟ یا تو نے کبھی ایسا سنا ہے یا دیکھا ہے کہ کوئی گدھا اپنے کسی گدھے بھائی یا اس کے کسی بچے سے گالی گلوچ کرتا ہو؟ یا تو نے کبھی دیکھا ہے یا سنا ہے کوئی گدھا اپنے بیوی بچوں کی مار پیٹ کرتا ہو؟ یا تو نے کبھی دیکھا ہے کہ گدھوں کی بیویاں یا جوان بیٹیاں سڑکوں اور بازاروں میں کھلے عام سیر و تفریح کرتے ہوں؟ فضول خرچی کرتے ہوں؟ یا تو نے کبھی دیکھا یا سنا کہ کوئی گدھا یا گدھی کسی اجنبی گدھے کو دھوکا دے رہا ہو؟ یا تو نے کبھی ایسا سنا کہ امریکی گدھے عرب' ایرانی یا افغانی گدھوں کے قتل کا منصوبہ بنا رہے ہوں؟ اور وہ بھی اس لئے کہ ان سے گدھوں کے کھانے کا جو حاصل کر سکیں۔یا تو نے کبھی ایسا دیکھا یا سنا ہو کہ گدھے اپنے کھانے کے لئے قطار بنائے کھڑے ہوں اور مفت میں ملنے والی غذا کو دھکم پیل کے ذریعے حاصل کرتے ہوں؟ مجھے امید ہے کہ یہ اور اس قسم کے دیگر انسانی جرائم تو نے کبھی گدھوں میں نہیں دیکھے ہوں گے۔جبکہ انسانی جرائم کی فہرست اتنی طویل ہے کہ انہیں بتاتے ہوئے شرم آتی ہے۔کیا تو نے سنا ہے کہ کوئی نوجوان گدھا اپنے بوڑھے ماں باپ کو گھر سے باہر نکال دیتا ہے۔یا ان سے اونچی آواز میں بات کرتا ہو؟ کیا تو نے کبھی دیکھا ہے یا سنا ہے کہ گدھوں کی شادی میں لاکھوں روپئے کا جہیز دیا جاتا ہے یا بڑی شان وشوکت سے شادی کی برات نکال کر بیش قیمت کھانا کھلایا جاتا ہے۔نہیں نا یہ تو صرف انسانوں میں پایا جاتا ہے ہم گدھوں میں نہیں۔کیا تو نے کبھی دیکھا یا سنا کہ کسی گدھے نے بغیر اپنے ماں باپ کو پوچھے کسی اور کی گدھی سے بھاگ کر شادی کی ہو یہ ہم نہیں کرتے انسان کرتے ہیں۔کیا تو نے دیکھا کہ گدھے شراب پیتے ہیں جوا کھیلتے ہیں۔کام چوری کرتے ہیں مالک کو دھوکا دیتے ہیں۔ہم تو مالک کے وفادار ہوتے ہیں اور کبھی کھانا نہ ملے تو بھی خاموشی سے کام کرتے ہیں۔کیا تو نے دیکھا یا سنا کہ گدھے کبھی کام روک کر ہڑتال کر دیں۔نہیں نا لیکن انسان ذرا ذرا سی بات پر

ناراض ہو جاتا ہے اور ہڑتال کر لیتا ہے۔حکومت کو انہیں منانا پڑتا ہے۔تب ہی یہ کام پر لوٹتے ہیں۔کیا تو نے سنا یا دیکھا کہ گدھے اپنے کام کے لئے مالک سے رشوت لیتے ہیں۔نہیں نا لیکن یہ انسان رشوت کا اتنا عادی ہو چکا ہے کہ بغیر رشوت کے کام ہی نہیں کرتا۔کیا تو نے دیکھا یا سنا کہ کوئی گدھا مالک کا نافرمان ہو پھر بھی اسے تین وقت کا کھانا ملے نہیں نا لیکن یہ انسان کے ساتھ ہوتا ہے کہ وہ اللہ کا بندہ ہے اللہ نے اسے عبادت اور اطاعت کے لئے بنایا لیکن وہ سر سے پیر تک اور پیدائیش سے موت تک اللہ کی نافرمانی کرتا ہے اس کے باوجود اللہ اس کو کھانا دے رہا ہے۔ رہنے کے لئے آرام دہ مکان ہے۔سواری ہے۔اور سماج میں عزت ہے۔کیا تو نے کبھی دیکھا یا سنا کہ کسی گدھے نے اپنے مالک کے خلاف بغاوت کر دی ہو۔نہیں نا لیکن یہ انسان اکثر اپنے مالک اور راجا کے خلاف بغاوت کر دیتا ہے۔اور کبھی تو حکومت کا تختہ پلٹ دیتا ہے اور دولت کے نشے میں چور اپنے ہی حکمران کو گولی مار دیتا ہے یا اسے پھانسی پر لٹکا دیتا ہے۔کیا تو نے سنا یا دیکھا کہ لالچ میں آکر کوئی گدھا اپنی بیوی گدھی کو آگ لگا کر جلا دیتا ہے یا اسے بچوں سمیت پھانسی پر لٹکا دیتا ہے یا اسے زہر دے کر مار دیتا ہے۔نہیں نا لیکن یہ انسان شراب کے نشے میں چور اپنے بیوی بچوں کے ساتھ ایسی گھناؤنی حرکت کرتا ہے۔کیا تو نے کبھی دیکھا یا سنا کہ گدھوں میں ہندو مسلم کے نام پر یا گورے کالے کے نام پر یا کسی اور فرقہ بندی کے نام پر لڑائی ہوتی ہو۔کیا کسی عرب گدھے کی کسی افریقی گدھے سے لڑائی ہوئی ہو نہیں نا لیکن یہ انسان اقوام متحدہ نامی تنظیم تو بناتا ہے لیکن یہ طاقت ور ہو کر کمزور ملک پر حملہ کرتا ہے۔تیل کی دولت حاصل کرنے کے لئے ملکوں کو آپس میں لڑاتا ہے۔ ہندوستان میں بات بات پر فرقہ وارانہ تشدد بھڑک اٹھتا ہے۔یہاں انسانیت کے نام پر وہ سب کچھ ہوتا ہے جو ہم گدھے نہ کرتے ہیں اور نہ کرنے کی سوچتے ہیں۔باپ گدھے نے بیٹے گدھے سے کہا کہ بیٹا یقین کرو یہ انسان جو کچھ مار پیٹ اور تشدد کا برتاؤ ہمارے ساتھ کرتے ہیں۔وہ ہمارے ساتھ صرف حسد اور جلن کی وجہ سے ہے۔کیوں کہ وہ جانتے ہیں کہ ہم گدھے ان سے بہتر ہیں۔اسی لئے تو یہ ایک دوسرے کو اپنا نام پکارنے کے

بجائے ہمارا نام پکار کر گالیاں دیتے ہیں۔ جب کہ حقیقت یہ ہے کہ ہم سے کم تریں گدھا بھی ایسے کسی فعل میں مبتلا نہیں پایا گیا جس طرح کے شرمناک اور افسوسناک کاموں میں انسان ملوث پائے گئے ہیں۔ باپ نے کہا کہ بیٹے میری تجھ سے یہ التجا ہے کہ اپنے دل و دماغ کو قابو میں رکھ اپنے سر کو فخر سے اٹھا کر چل۔ اور دل کی سچائی سے یہ عہد کر کہ تو ایک گدھا ابن گدھا ہے اور گدھا ابن گدھا ہی رہے گا۔ ان انسانوں کی کسی بات پر دھیان نہ دے۔ یہ جو ہمارا نام لے کر کہتے ہیں کہا کریں۔ ہمارے لئے تو اتنا فخر ہی کافی ہے کہ ہم گدھے ہو کر بھی نہ کبھی قتل و غارت گری کرتے ہیں اور نہ ہی کوئی چوری چکاری، نہ غیبت کرتے ہیں ن گالی دیتے ہیں اور نہ لوگوں پر ظلم و ستم ڈھاتے ہیں۔ گدھے بیٹے کو اپنے باپ کی نصیحتیں سمجھ میں آ گئیں اور اس نے محسوس کر لیا کہ اس نے انسانوں کے بارے میں اور اپنے بارے میں غلط اندازہ لگایا تھا۔ درحقیقت انسان سے اچھا تو گدھا ہونا ہی ہے۔ اس لئے وہ اُٹھا جو کے برتن میں منہ ڈال کر کھانے لگا اور کہا کہ اے میرے محترم والد۔ آج سے میں یہ عہد کرتا ہوں کہ میں ہمیشہ گدھا ابن گدھا ہی رہوں گا اور کبھی انسان نہیں بنوں گا۔ میں اپنے گدھے ہونے پر فخر کرتا ہوں۔ اور مجھے انسانوں اور انسانیت سے نفرت ہے۔!!!

نام میں ہی سب کچھ رکھا ہے!

دنیا میں بے نام کوئی نہیں۔ بچہ جب پیدا ہوتا ہے تو اس کا اچھا سا نام رکھا جاتا ہے۔ دنیا میں ہر چیز کا کوئی نا کوئی نام ہوتا ہے۔ جب نئی ایجادات وجود میں آتی ہیں تو ان کے نام رکھے جاتے ہیں۔ بہرحال بے نام کوئی نہیں لیکن دنیا نے یہ بھی دیکھا ہے کہ کئی نامور جو اپنی دولت طاقت اور حکومت کے بل بوتے پر مشہور اور مغرور ہوئے تھے وہ بھی بے نام ہو گئے۔ دنیا میں چونکہ کئی اقوام ہیں تو ہر قوم میں نام رکھنے کی روایت بھی کچھ الگ ہوتی ہے۔ کبھی کبھی کسی کو کسی کا نام درست بولنے میں دشواری ہوتی ہے خاص طور سے ایک علاقے کے نام دوسرے علاقے والوں کے لیے دشور لگتے ہیں اور اس یہ دشواری طرح طرح کے شگوفے جنم دیتی ہے۔ ہمارے ہاں جنوبی ہند میں تلگو بولنے والوں کو بعض مسلم ناموں کے بولنے میں دشواری ہوتی ہے۔ اور وہ (ج) سے شروع ہونے والے نام کو (ذ) سے بولتے ہیں اسی طرح (ذ) سے شروع ہونے والے کو (ج) سے بولتے ہیں۔ ایک مرتبہ ایک نواب صاحب نے اپنے گھر میں آندھرا کے ایک ملازم راجو کو گھر کے کام کاج کے لئے رکھا۔ راجو نواب صاحب کا ہر دلعزیز تھا۔ اور وہ نواب صاحب کو ان کا نام لے کر پکارتا تھا۔ ایک دفعہ دوستوں کی موجودگی میں راجو نے نواب صاحب سے کہا ذلیل صاحب چائے لاؤں۔ یہ سن کر نواب صاحب جن کا نام جلیل تھا راجو کے منہ سے ذلیل صاحب سن کر وہ اور ان کے دوست پریشان ہو گئے۔ اور انہوں نے راجو کو سمجھایا کہ میرا نام جلیل ہے کوشش کرو جلیل بولنے کی۔ تاہم راجو نے معذرت کرتے ہوئے کہا کہ صاحب میں آندھرا کا ہوں آپ لوگوں کے نام کیسے بولتے ہیں مجھے کچھ نہیں معلوم۔ راجو جب بھی نواب صاحب کو ذلیل صاحب پکارتا تو انہیں غصہ آتا لیکن چونکہ کام کا نوکر تھا اس لیے اسے کچھ نہیں بولتے تھے۔ نواب صاحب سوچتے کہ میرا نام جلیل ہے لیکن یہ مجھے ذلیل پکار کر ذلیل کر رہا ہے

اس کا کیا کرنا چاہیئے ایک مرتبہ ان کے دوست نے مشورہ دیا کہ نواب صاحب آپ راجو سے کہیں کہ آپ کا نام ذلیل ہے تو وہ آپ کو جلیل پکارے گا اس ترکیب پر عمل کیا گیا اور کہا کہ نواب صاحب نے اپنا نام ذلیل رکھ لیا ہے تو آئیندہ سے انہیں ذلیل پکارے تب عادت اور تربیت سے مجبور راجو نواب صاحب کا درست نام جلیل پکارنے لگا تب نواب صاحب نے محسوس کیا کہ بدمعاش مجھے ذلیل سمجھتا ہے لیکن جلیل پکارتا ہے۔تلگو بولنے والے اکثر عظمت کو اجمت، ضمیر کو جمیر، جمیل کو ظمیل، ظالم کو جالم کہتے ہیں۔ان کے منہ سے درست لفظ نکلانے کا اچھا طریقہ وہی جلیل کو ذلیل کرنے والا ہے۔ناموں کو درست کہلوانا بھی بعض مقامات پر ضروری ہوتا ہے۔ پاکستان کے ایک مشہور سفر نامہ نگار ادیب اور فنکار مستنصر حسین تارڑ ہیں جو راجپوت قبیلہ تارڑ سے تعلق رکھتے ہیں ان کا نام درست پکارنا بھی جوئے شیر لانے سے کم نہیں۔ایک مرتبہ قومی ٹیلی ویژن پر خبریں پڑھنے کے لیے انٹرویو کے وقت ایک امیدوار کو تارڑ صاحب کے پاس لایا گیا اور امیدوار سے ان کا نام سنانے کے لیے کہا۔جب امیدوار نے ان کا نام درست بولا تو اسے منتخب کیا گیا۔ٹیلی ویژن ادارے والے نے تارڑ صاحب سے کہا کہ جب بھی ہمیں خبریں پڑھنے کے لیے نئے امیدوار کو منتخب کرنا ہوتا ہے تو مشق کے طور پر آپ کا نام لکھ کر دیتے ہیں جب امیدوار آپ کا نام تارڑ درست پڑھ لے تو اسے نوکری کے لیے منتخب کرلیا جاتا ہے۔کچھ عرصہ پہلے پاکستان کے صدر رفیق تارڑ نام کے منتخب ہوئے تھے۔حیدرآباد کے اردو اخبارات والے ان کا نام رفیق طرار لکھ رہے تھے۔اخبار کے دفاتر میں اردو اخبارات کا تبادلہ ہوا کرتا تھا جب دو دن بعد جنگ اخبار حیدرآباد پہنچا تو اس میں طرار کی جگہ تارڑ لکھا ہوا تھا جب سے اردو اخبارات میں ان کا نام درست لکھا جانے لگا۔چینیوں کے نام دنیا کے دیگر مما لک کے لیے بولنا بہت مشکل ہے۔ چیں پاؤں جنگ جونگ پتہ نہیں کیا کیا نام ہوتے ہیں۔ چنانچہ چینیوں کے بارے میں یہ لطیفہ مشہور کردیا گیا کہ چینی اپنا نام کس طرح رکھتے ہیں جواب دیا گیا کہ جب چین میں بچہ پیدا ہوتا ہے تو اس کے قریب ایک چمچہ گرایا جاتا ہے جو آواز آئی وہی اس بچے کا نام یعنی چن چن چن چوں

وغیرہ۔ خیر یہ تو لطیفے کی بات تھی۔ اہل ہند یا اردو بولنے والوں کے لیے فرانسیسی، روسی اور بعض افریقی ممالک کے نام بھی بولنا مشکل ہوتا ہے۔ ان دنوں اقوام متحدہ کے جنرل سکریٹری انٹونیو گوٹریس کا نام بھی درست بولنے میں بڑے بڑے لوگوں کی زبان لڑکھڑا رہی ہے۔ کرکٹ کے کھیل میں بھی بعض بیرونی ممالک کے کھلاڑیوں کے نام بولنے میں کرکٹ کمنٹری بولنے والوں کو دشواری پیش آتی ہے۔ جیسے زمبابوے کے کھلاڑی امبانگوا جنوبی افریقہ کے کرکٹر ٹوسٹوبے نیوزی لینڈ کے کھلاڑی ڈیوڈ ملنے اور دیگر ہیں۔ روسی فکشن نگار موپاساں کا نام درست بولنے میں بھی لوگوں کو دشواری پیش آتی ہے کیوں کہ انگریزی میں ان کے نام کے ختم پر ٹی آتا ہے۔ سائکالوجی ایک مشکل تلفظ والا لفظ ہے۔ اکثر دیہاتی انگریزی بولنے والے اس لفظ کو پسکالوجی پڑھتے ہیں کیوں کہ انگریزی میں اس لفظ کا آغاز پی سے ہوتا ہے۔ جب بات چلی ہے تو سوشل میڈیا خاص طور پر فیس بک اور انسٹا گرام پر نوجوان بڑے دلچسپ نام کے ساتھ اپنی آئی ڈی بناتے نظر آتی ہیں۔ اکثر ناموں میں پاپا کی پری، پرنس، مما کی ڈول، ایف بی کی رانی جب حقیقت معلوم ہوئی تو پتہ چلا کہ پاپا کی پرنس کوئی اور نہیں بلکہ پرانے شہر کا بیکار نوجوان گھڑ و میاں ہے۔ اس لیے کہا جاتا ہے کہ جب تک حقیقت پتہ نہ چلے فیس بک اور سوشل میڈیا پر بھولے سے بھی کسی کو لڑکی یا لڑکا نہیں سمجھنا چاہیے۔ بچوں کے اچھے نام رکھنے چاہئیں تا کہ نام کے اثرات اچھے پڑیں لیکن ان دنوں ٹیلی ویژن سیریل دیکھ کر نام رکھنے کو جو چلن عام ہوگیا ہے اس لیے بچیوں کے نام زویا، ماہا، انعم، ارمینا، آمنا، اروبا وغیرہ رکھے جا رہے ہیں۔ ہمارے ہاں ناموں کو مختصر کر کے پکارنے کا بھی چلن ہے جس سے اچھے خاصے نام کو بگاڑ دیا جاتا ہے۔ جیسے عظمت کو اجو سمیر کو سمو وغیرہ۔ بہر حال نام میں کیا رکھا ہے بولنے والے سمجھ لیں کہ نام میں ہی سب کچھ رکھا ہے جلیل کو جب ذلیل بولیں گے تو تکلیف تو ہوگی نا صاحب!

اقوال آٹو رکشا

انسان کی زندگی غموں سے دوچار رہتی ہے۔ ایک انسان چاہتا ہے کہ وہ اپنی طرف سے کسی کا غم دور کرے اور دوسروں کے لیے خوشیوں کا کوئی لمحہ فراہم کر دے اور یہ کام اردو زبان اور اس کی دلچسپ شاعری کے ذریعے گاڑیوں اور ٹرکوں کے پیچھے دلچسپ عبارتیں تحریر کر کے کیا جاتا ہے۔ آج ہم اردو زبان کے ایسے دور سے گزر رہے ہیں جہاں شاذ و نادر ہی کہیں ہمیں دوران سفر چلتی گاڑیوں اور آٹو رکشاؤں کے پیچھے اردو کی دلچسپ عبارتیں اور اشعار لکھے ملیں گے ۔کچھ سال پہلے تک بعض اردو کے شوقین آٹو والے اردو میں کبھی ماں باپ کی دعا لکھواتے تھے تو کبھی دلچسپ انداز میں یہ عبارت لکھی ہوتی تھی کہ بری نظر والے تیرا منہ کالا۔ یا وقت کی قدر کرو آٹو میں سفر کرو۔ ہندوستان کے برخلاف پڑوسی ملک پاکستان میں جہاں اردو زبان کا چلن عام ہے وہاں بڑے بڑے ٹرکوں اور مختلف گاڑیوں کے پیچھے اردو کے دلچسپ اقوال یا خود ڈرائیوروں کے کہے اقوال اور اشعار بڑے شوق سے لکھائے جاتے ہیں۔ اور یہ کام جنون کی حد تک وہاں کے ٹرک ڈرائیور کرتے ہیں۔ ٹرک ڈرائیوروں اور کلینزوں کی دنیا بھی عجیب ہوتی ہے وہ اکثر ایک ایک مہینہ گھر سے باہر رہتے ہیں۔ وہ گھر پر کم رہتے ہیں اور سڑکوں پر ان کی زندگی زیادہ گزرتی ہے۔ اس لیے ان کی کوشش ہوتی ہے کہ اپنے ٹرک کے پیچھے کوئی اچھی سی عبارت لکھوادیں تو پیچھے ٹرک والا اس عبارت کو پڑھ کر کچھ دیر کے لیے گھر سے دوری کا اپنا غم بھول جاتا ہے اور دل ہی دل میں اس عبارت کو پڑھ کر تبسم بکھیر لیتا ہے۔ کبھی یہ لکھا ہوتا ہے کہ ماں کی دعا اے سی کی ہوا تو کبھی لکھا ہوتا ہے کہ ڈرائیور کی زندگی بھی عجب کھیل ہے' موت سے بچ نکلا تو سنٹرل جیل ہے۔ کبھی یہ بھی لکھا ہوتا ہے کہ جاپان سے آئی ہوں سوزوکی میرا نام ہے دن بھر سامان لانا لے جانا میرا کام ہے۔ کچھ منچلے ٹرک ڈرائیور یہ عبارت لکھواتے ہیں کبھی سائیڈ سے آتی ہو کبھی ہارن دیتی ہو میری جان یہ بتاؤ مجھے یوں کیوں ستاتی ہو۔ بڑے ٹرک والے اکثر انتباہ کے لیے

ہمارے ہاں انگریزی میں لکھواتے ہیں کہ ہارن پلیز۔ کیپ ڈسٹنس۔ اردو میں یہی بات شوخی کے انداز میں کہنا ہو تو لکھا جاتا ہے فاصلہ رکھئے ورنہ پیار ہو جائے گا۔ زندہ رہنے کیلئے فاصلہ رکھنا ضروری ہے۔ فاصلہ رکھیے اس سے قبل کے ہماری منزل ایک ہو جائے۔ مسلسل گاڑی چلاتے رہنے سے ڈرائیور کی آنکھ جھپکنے اور حادثے کا اندیشہ ہوتا ہے۔ ایسا ڈرائیور اپنی ٹرک پر لکھتا ہے۔ ''رب نے چاہا تو منزل تک پہنچادوں گا۔ آنکھ لگ گئی تو رب سے ملوادوں گا''۔ کچھ ڈرائیور شاعرانہ مزاج رکھتے ہیں تو وہ اپنی گاڑی پر لکھواتے ہیں۔ کون کہتا ہے کہ موت آئے گی تو مر جاؤں گا، رکشہ والا ہوں کٹ مار کے نکل جاؤں گا۔ تپش سورج کی ہوتی ہے جلنا پیٹرول کو ہوتا ہے، قصور سواری کا ہوتا ہے پٹنا ڈرائیور کو ہوتا ہے۔ کچھ ٹرکوں کے پیچھے مذہبی باتوں کی تبلیغ بھی ہوتی ہے۔ لکھا ہوتا ہے کہ ''نماز پڑھیے۔ اس سے قبل کہ آپ کی نماز پڑھی جائے''۔ تعجب ہے تجھے نماز کی فرصت نہیں۔ اپنے گناہوں کی معافی مانگ لیجئے ہوسکتا ہے کہ یہ آپ کی زندگی کا آخری سفر ہو۔ جو ٹرک ڈرائیور بار بار ہارن بجا کر لوگوں کی ناک میں دم کرتے ہیں۔ ان کے لیے لکھا ہوتا ہے کہ قوم سو رہی ہے ہارن آہستہ بجائیں۔ اس طرح ایک ٹرک ڈرائیور قوم کے خواب غفلت میں ڈوبے رہنے پر طنز کرتا ہے۔ کوئی منچلا لکھتا ہے دل برائے فروخت قیمت صرف ایک مسکراہٹ۔ دلچسپ عبارتوں کے علاوہ بعض شاعرانہ مزاج رکھنے والے ڈرائیور دلچسپ اشعار بھی اپنی گاڑیوں کے پیچھے لکھواتے ہیں کوئی کہتا ہے ''ظالم پلٹ کر دیکھ تمنا ہم بھی رکھتے ہیں۔ تم اگر کار رکھتی ہو تو رکشا ہم بھی رکھتے ہیں۔ کبھی یہ بھی لکھا ہوتا ہے کہ قتل کرنا ہے تو نظر سے کر تلوار میں کیا رکھا ہے سفر کرنا ہے۔ تو رکشہ میں کر کار میں کیا رکھا ہے۔ کوئی دل جلا عاشق یوں لکھتا ہے'' آیا تھا امتحان میں مضمون بے وفا۔ وضاحت جو تیری کی ہم ٹاپ کر گئے۔ زندگی میں جب بھی کہیں مشکل مقام آیا۔ نہ بریک نے ساتھ دیا نہ کوئی گئیر کام آیا۔ تعلیم کی قدر نہ کر کے ڈرائیور بن جانے والے کو تعلیم کا احساس رہتا ہے چنانچہ وہ دوسروں کو نصیحت کرنے کے لئے اپنے ٹرک پر لکھواتا ہے کہ ''جینا ہوگا مرنا ہوگا پپو تجھے ہر حال میں پڑھنا ہوگا''۔ گھر کی رونق بچے سے روڈ کی رونق رکشے سے۔ ٹرکوں

اور آٹو کے پیچھے لکھی دلچسپ عبارتیں فروغ اردو کا ذریعہ بھی ہیں کہ کم از کم ٹرک ڈرائیور لوگوں کو راہ چلتے اردو کی کچھ دلچسپ تحریریں پڑھنے کا باعث تو بن رہے ہیں۔ دیواروں پر بھی اعلانات لکھنے کا چلن عام ہے۔ جب لکھا جاتا ہے کہ یہاں پیشاب کرنا منع ہے تو جاہل لوگ وہیں کھڑے کھڑے فراغت انجام دیتے ہیں۔ جب کہ ان کے لیے کہیں لکھا ہوتا ہے کہ دیکھو گدھا پیشاب کر رہا ہے۔ مساجد میں جہاں لکھا ہوتا ہے کہ یہاں اشتہار لگانا منع ہے تو کاروباری لوگ وہیں اشتہار لگائیں گے۔ ایک سرکاری بیت الخلاء میں اندر جانے والے شخص نے دیکھا کہ لکھا تھا دائیں دیکھئے۔ اسی طرح مزید دو دیواروں پر بھی دائیں دیکھئے لکھا ہوا تھا پھر جب وہ دروازے کی طرف مڑا تو وہاں لکھا تھا بے وقوف ادھر ادھر دیکھتا رہے گا کیا اپنا کام کر اور باہر نکل۔ ہائی وے پر ایک صاحب کا گھر تھا اور ان کی بہت سی مرغیاں بھی تھیں۔ تیز رفتار گاڑیوں کی زد میں آ کر ان کی مرغیاں ہلاک ہونے لگیں۔ انہوں نے کئی لوگوں سے مشورہ کیا پھر اپنے گھر کے سامنے ایک فلمی ہیروئین کی نیم برہنہ بڑی سی تصویر لگا دی۔ جب سے یہ تصویر لگی انہوں نے دیکھا کہ گزرنے والی گاڑیاں اپنی رفتار کم کر کے گزر رہی تھیں۔ اس طرح ان کی مرغیاں حادثات سے بچنے لگیں۔ غرض شاہراہوں کی زندگی میں پل دو پل کچھ مسکرانے کا سامان یہ ٹرک ڈرائیور کرتے ہیں۔ ہندوستان میں بھی یہ چلن عام ہو جائے تو اس بہانے کچھ اردو پڑھنے والے تو بڑھیں گے اگر اس جانب کوئی توجہ دے!

بیویوں کے پیشہ وارانہ غصے

شوہراور بیوی کی لڑائی ہماری سماجی زندگی کی ایک اٹل حقیقت ہے۔ دنیا میں شائد ہی کوئی ایسے میاں بیوی رہے ہوں گے جن کی ازدواجی زندگی کے دوران کبھی نہ کبھی لڑائی نہ ہوئی ہو۔ایک لڑکی کو مرد ذات سے نفرت ہوگئی تھی۔ اس نے شادی نہ کرنے کا فیصلہ کرلیا۔لیکن اس نے محسوس کیا کہ جب بھی اسے غصہ آتا تھا تو غصہ اتارنے کے لیے اس کے سامنے کوئی مرد نہیں ہوتا تھااس نے اندازہ کرلیا کہ کم از کم اس کا غصہ کسی پر اترے اس کے لیے ایک اچھے سے شوہر کی ضرورت ہے چنانچہ صرف اپنا غصہ کسی مرد پر اتارنے کی خاطر اس نے شادی کرنے کا فیصلہ کرلیا۔ دنیا میں کئی باتوں کی تحقیق ہوتی ہے۔ ازدواجیات کے ماہرین نے اس بات کی تحقیق کی کہ مختلف پیشوں سے تعلق رکھنے والے مردوں کی بیویاں ان پر غصہ کس طرح کرتی ہیں۔ چنانچہ اس نئی تحقیق کے نتائج آپ کو ضرور مسکرانے پر مجبور کردیں گے۔ ملاحظہ فرمائیں کے پیشے کے اعتبار سے اس شوہر کی بیوی کیسے غصہ کرتی ہے۔ پائلٹ کی بیوی: زیادہ ہوا میں مت اڑو نیچے پٹخ دوں گی۔ٹیچر کی بیوی: مجھے مت سکھاؤ میں سب جانتی ہوں۔ پینٹر کی بیوی تھوپڑا رنگ دوں گی چپ رہو۔ایکٹر کی بیوی: زیادہ ناٹک مت کرو۔ڈینٹسٹ کی بیوی بتیسی توڑ دوں گی چپ ہی رہا کرو۔ مارواڑی کی بیوی حساب سے رہو مجھ سے حساب مت پوچھو۔آرکیٹیکچر کی بیوی نقشہ بگاڑ دوں گی۔سنار کی بیوی: ایک جڑ دوں گی۔ بلڈر کی بیوی: اینٹ سے اینٹ بجادوں گی۔ڈاکٹر کی بیوی: اصل میں تمھیں علاج کی ضرورت ہے زور کا انجکشن دوں گی ٹھیک ہوجاؤ گے۔ایڈوکیٹ کی بیوی: اپنی وکالت کورٹ تک محدود رکھیں مجھ سے کبھی جیت نہ پاؤ گے۔لیڈر کی بیوی: مجھ سے جھوٹے وعدے نہ کرنا میں تمہاری بے وقوف جنتا نہیں ہوں۔ یہاں میری ہی چلے گی۔ بنک مینیجر کی بیوی: مجھ سے ادھار نہیں چلے گا نقد لوں گی۔شاعر کی بیوی: اے نامراد شاعر مشاعرے میں

اپنے شعروں سے آگ بعد میں لگانا چولہے میں لکڑیاں گیلی ہیں ایک دو شعر چولہے میں پھینک کر آگ جلا دے۔ پروفیسر کی بیوی: ٹفن میں کھانا ویسے ہی رکھا ہے آج بھولے سے کیسے کھالیا۔ کسان کی بیوی: دیش کی بھوک مٹاتے رہو گے گھر میں بھی کچھ اناج ڈال دو۔ مولوی کی بیوی: حوروں کے خواب دیکھ رہے ہو میں تمہارا ہر جگہ پیچھا کروں گی۔ اکاؤنٹنٹ کی بیوی: ٹھہرو تمہارا حساب کتاب تو میں کروں گی۔ آرٹسٹ کی بیوی: سنبھل کر رہو ورنہ تمہارا نقشہ ایسا بگاڑ دوں گی کہ کسی اور کا نقشہ بنانے کے قابل رہو۔ قلمکار کی بیوی: بس بس دنیا بھر کی کہانیاں لکھ چکے ہو تمہاری داستان تو میں لکھوں گی۔ صحافی کی بیوی: چپ روہ ورنہ بریکنگ نیوز میں تم نظر آؤ گے۔ الیکٹریشن کی بیوی: ایسا شارٹ دوں گی کہ زندگی بھر سنبھل نہ پاؤ گے۔ کارپینٹر کی بیوی: ایسا ٹھوکوں گی کہ جگہ سے ہل نہ پاؤ گے۔ بس ڈرائیور کی بیوی: تمہارا کام گاڑی چلانا ہے گھر چلانا تمہارے بس کا کام نہیں چپ چاپ میری کہا مانتے رہو۔ میکانک کی بیوی: پیسے دو ورنہ تمہارے کل پرزے ٹھیک کردوں گی۔ فائر مین کی بیوی: آگ لگا دوں گی۔ جج کی بیوی: کیا درست ہے کیا غلط ہے اس کا فیصلہ میں کروں گی۔ لیکچرر کی بیوی: لیکچر مت جھاڑو۔ مجھے سب پتہ ہے ۔ پولیس والے کی بیوی: گھر میں آپ کی غنڈہ گردی نہیں چلے گی۔ چپ رہو ورنہ میں تمہیں حوالات میں ڈال دوں گی۔ پوسٹ میان کی بیوی: ذرا یہ ٹفن ماں کے گھر دے آنا۔ فوجی کی بیوی: اپنی حد میں رہو ورنہ دشمن ملک کے سپاہی کی طرح مارے جاؤ گے۔ ٹریفک پولیس والے کی بیوی: اب اشارے ہی کرو گے یا کچھ بولو گے بھی۔ بیوی کے غصے سے ڈرنے والے شوہر اپنے فون میں دوسری لڑکیوں کے نام بھی عجیب وغریب رکھتے ہیں۔ ایک مرتبہ بیوی نے چپکے سے شوہر کا فون چیک کیا جس میں مختلف لڑکیوں کے نام مختلف بیماریوں کے علاج کے نام سے لکھے ہوئے تھے جیسے آنکھوں کا علاج، کانوں کا علاج وغیرہ جب بیوی نے اپنے فون نمبر کو چیک کیا تو لکھا تھا لا علاج۔ میاں بیوی شاپنگ مال میں ساتھ ساتھ ہاتھ پکڑے جارہے تھے۔ دیکھنے والوں نے تعجب کا اظہار کیا کہ دیکھو دونوں میں کتنا پیار ہے ایک دوسرے کا ہاتھ پکڑے شاپنگ کررہے

ہیں۔ جب شوہر سے کسی نے اکیلے میں پوچھا کہ کیا بھائی صاحب بہت محبت ہے آپ کو اپنی بیوی سے ہم نے شاپنگ مال میں اس کا نظارہ دیکھا ہے تب شوہر نے کہا کہ بھائی ایسی کوئی بات نہیں جب بھی میں اس کا ہاتھ چھوڑتا ہوں وہ کسی نہ کسی دکان میں شاپنگ کے لیے گھس جاتی ہے اس لیے اس کا ہاتھ پکڑ کر رکھتا ہوں۔ ایک نوجوان شادی کے بعد روز اپنی بیوی کو یونیورسٹی چھوڑ نے جاتا تھا اور کار سے اتر کر بیوی کو اتارنے کار کا دروازہ کھولتا تھا۔ اس کی بیوی کی سہیلیاں اسے مبارکباد دینے لگی کی تم دونوں میں کتنی اچھی محبت ہے کہ تمہاری خاطر شوہر شوفر کی طرح کار کا دروازہ کھولتا ہے۔ تب لڑکی معصومیت سے کہتی ہے کہ ایسی کوئی بات نہیں جس دروازے سے مجھے اترنا ہوتا ہے وہ دروازہ خراب ہے اندر سے نہیں کھلتا اس لیے میرے شوہر باہر آکر دروازہ کھولتے ہیں۔ ایک مرتبہ شادی سے قبل لڑکی نے اپنے ہونے والے دولہا کو میسیج کر دیا کہ سوری میری آپ کی شادی نہیں ہوسکتی۔ دلہا ٹینشن میں آگیا۔ تھوڑی دیر بعد اسی لڑکی کا میسیج آیا کہ پہلا میسیج غلطی سے کسی اور کو بھیجنے کا آپ کو بھیج دیا سو ریدلہا مزید ٹینشن میں آگیا۔ میاں بیوی شاپنگ کے بعد گھر پہنچے۔ بیوی نے گھر میں داخل ہوتے ہی غصہ کرتے ہوئے کہا کہ کون تھی وہ لڑکی جو تمہیں گھور رہی تھی شوہر نے ڈرتے ڈرتے جواب دیا کہ تم کون ہے یہ بات اسے بھی سمجھانا ہے سوچ رہا ہوں کہ کیسے بتاؤں۔ میاں بیوی کار میں کہیں جا رہے تھے کہ اچانک کار کے سامنے ایک گدھا آگیا شوہر نے از راہ مذاق بیوی سے کہا ہے کہ لگتا ہے یہ تمہارا کوئی رشتے دار ہے ذرا اسے ہٹنے کے لیے کہنا۔ بیوی بھی چالاک تھی اس نے فوری کہا دیور جی باز و ہٹئے۔ شوہر اور بیوی کی نوک جھونک کی ہزاروں مثالیں ہیں جن کے بارے میں سن کر دنیا ہنستی ہے اور ہر شوہر اپنی اپنی بیوی کے بارے میں یہ سوچ کر خوش ہوتا ہے کہ اس کی بیوی اتنی خطرناک تو نہیں!

درد کے واسطے پیدا کیا انسان کو!

درد انسانی زندگی کا اٹوٹ حصہ ہے۔ دنیا میں کوئی انسان ایسا نہیں جو یہ دعویٰ کر سکے زندگی میں وہ کبھی کسی قسم کے درد سے دوچار نہ ہوا ہو۔ انسان اس دنیا میں مسافر ہے۔ دنیا ایک سرائے ہے ڈرامے کا ایک اسٹیج ہے اور بہ قول شیکسپئر انسان زندگی کے ڈرامے کے اس اسٹیج پر پیدائش بچپن، جوانی، ادھیڑ عمر اور بڑھاپے میں کئی کردار ادا کرتے ہوئے اس دنیا سے گزر جاتا ہے۔ جان ہے تو جہان ہے کے مصداق جب تک انسان زندہ ہے اسی زندگی میں کبھی حادثے اور کبھی خرابی صحت کی بنا مختلف قسم کے جسمانی دردوں کا سامنا کرنا پڑتا ہے۔ جب انسان گر کر یا حادثے کا شکار ہو جائے تو اسے شدید درد ہوتا ہے۔ جو دوا لینے اور آرام کرنے سے دور ہوتا ہے۔ سر کا درد، بدن درد، پیٹ کا درد، رگوں میں درد ہاتھ پیر میں درد، دانتوں کا درد ہر قسم کے درد سے انسان اس لیے دوچار ہوتا ہے کہ جسم میں دوران خون کی عمومی حالت میں بگاڑ پیدا ہوتا ہے اور جب انسان صحت یاب ہو جاتا ہے تو وہ مختلف طرح کے درد سے چھٹکارا حاصل کر لیتا ہے۔ صحت کے اعتبار سے ایک اور درد دل کا درد ہوتا ہے جو مٹاپے اور کبھی ڈھلتی عمر کے سبب پیدا ہوتا ہے۔ سینے میں شدید تکلیف ہو اور سانس لینے میں دشواری پیدا ہو تو انسان امراض قلب کے ماہر سے رجوع ہوتا ہے اور درد دل کی دوا کرتا ہے۔ یہ دوا کبھی اوپن ہارٹ سرجری کی شکل میں یا کبھی اسٹنٹ ڈالنے کی شکل میں ہوتی ہے۔ انسان کا علاج ہو جائے تو وہ دل کے درد سے چھٹکارا پا لیتا ہے لیکن اس علاج کے دوران جو بھاری فیس دی جاتی ہے اس سے زندگی بھر وہ فکر کے دائمی درد کا شکار ہو جاتا ہے کہ کس طرح وہ اس علاج کی رقم کی بھرپائی کر پائے گا۔ جسمانی امراض کے درد وقتی ہوتے ہیں لیکن جو احساس کے درد ہوتے ہیں وہ انسان کو اصل درد سے زیادہ چبھن دیتے ہیں اور اس درد کی ٹھیس دل و دماغ ہی محسوس کرتا ہے۔ شادی کے بعد میاں بیوی کی خواہش ہوتی ہے کہ ان کے گھر

میں اولاد ہو اور گھر خوشیوں سے بھر جائے اور جب ان کے گھر میں چاند کا ٹکڑا آجاتا ہے تو وہ بڑے لاڈ پیار سے اس کی پرورش کرتے ہیں لیکن اگر اس بچے کی پرورش میں کچھ خرابی رہ جائے اور وہ بڑا ہو کر ماں باپ کے لیے دردسر بن جائے تو والدین کی بدعا لگتی ہے کہ آج یہ دن دیکھنا پڑا پیدا ہوتے ہی مرجاتا تو اچھا تھا۔ اولاد کا غم اور اولاد کا درد فی زمانہ سماج میں بہت بڑھ گیا ہے اور والدین پریشان ہیں کہ ہماری تربیت میں کونسی کمی رہ گئی ہے کہ اولاد نافرمان اور درد دینے والی ہوگئی ہے۔ دنیا میں والدین کی ناقدری کی کئی افسوس ناک مثالیں سامنے آرہی ہیں۔ مغربی دنیا میں نوجوان بوڑھے ماں باپ کو اولڈ ایج ہوم میں رکھ رہے ہیں اور جب والدین کی بیماری کی خبر بیٹے کو ملے تو وہ پیغام بھیجتا ہے کہ میں مصروف ہوں اتوار کو ہی دیکھنے آؤں گا۔ جب اتوار آتی ہے تو اولاد کے دیدار کو ترستے باپ یا ماں اس دنیا سے گزر جاتے ہیں۔ بیرون ملک دولت کمانے کے لیے جو بچے باہر رہ رہے ہیں اگر ان کے والدین وطن میں تنہا ہوں تو محلے والے ہی ان کے پرسان حال ہوتے ہیں۔ ان دنوں رشتے داریاں بھی دکھاوے کی ہوگئی ہیں۔ مرزا فرحت اللہ بیگ نے اپنے مزاحیہ مضمون مردہ بدست زندہ میں لکھا کہ اب نہ کوئی کسی کی خوشی میں اور نہ غم میں خلوص دل کے ساتھ شرکت کرتا ہے اب تو ظاہر داری اور دکھاوا رہ گیا ہے۔ اگر کوئی اتوار کے علاوہ کسی اور دن مرجائے اور کسی رشتے دار کو اطلاع دی جائے تو دل میں کہتے ہیں کہ مرحوم کو آج ہی مرنا تھا اتوار کو مرتے تو اچھا تھا اب چھٹی لینا پڑے گا۔ ہندوستان میں حالات پھر بھی ٹھیک ہیں کہ مرنے کے موقع پر کچھ رشتے دار جمع ہوجاتے ہیں ورنہ مغربی دنیا میں تو مسجد یا مدرسہ کی کمیٹی یا قبرستان والوں کو اطلاع دی جاتی ہے لاش کو سرد خانے میں رکھ دیا جاتا ہے اور حسب سہولت آخری رسومات انجام دی جاتی ہیں۔ بات چلی تھی درد کی تو یہ درد دوسرے رشتوں میں کافی پایا جانے لگا ہے۔ میاں بیوی کے جھگڑے روز کی بات ہوگئے ہیں اور دونوں کی محبت یہی سمجھی جائے کہ پہلے لڑیں پھر صلح صفائی ہو جائے۔ عورت کو صبر کی دیوی کہا جاتا ہے درد سہنے کے معاملے میں وہ مردوں سے زیادہ باہمت ہوتی ہے۔ اولاد کی پیدائش کے وقت وہ جو درد سہتی ہے زندگی بھر اولاد

اس کا حق ادا نہیں کرسکتی۔عورت ایک ایسی ملازمہ ہے جو دن میں بیس گھنٹے سے زیادہ گھر کے کام کرتی ہے پھر بھی اس کی کوئی شناخت نہیں اور اسے کبھی اولاد کی طرف سے تو کبھی ساس سسر اور کبھی شوہر کی طرف سے درد سہنے پڑتے ہیں۔اب سوشل میڈیا کے زمانے میں رشتے داری کا یہ عالم ہوگیا ہے کہ کیا عید کیا برات کیا شادی بیاہ کیا موت وحیات ہر بات اور ہر موقع کے لیے واٹس اپ پر پیغامات بھیج دئے جارہے ہیں کوئی شخصی طور پر ملنے کے لیے تیار نہیں اور سال کے کیلنڈر یوں ہی تیزی سے بدلتے جارہے ہیں کہا گیا ہے کہ موجودہ زمانے میں ہم لوگ موسٹ کنیکٹیڈ پیپل وتھ موسٹ ڈس کنیکٹیڈ سوسائیٹی ہیں۔یعنی آن لائن تو نظر آتے ہیں پیغامات کا سلسلہ جاری ہے لیکن کبھی شخصی طور پر ملنا گوارا نہیں۔ملازمت پیشہ لوگوں کا الگ درد ہے۔دفتر میں حکام بالا کے مظالم سہتے سہتے انسان پریشان ہوجاتا ہے۔پڑوسی کا درد' دوست کا درد' عشق کا درد پتہ نہیں انسان کون کونسے درد پالے رکھتا ہے اور اسی درد کے سہارے زندگی جیتا رہتا ہے۔سچا عشق کرنے والے اپنے محبوب کے دیدار میں تڑپتے رہتے ہیں اور وصال نہ ہونا ہی سچے عشق کی پہچان ہے۔اور ہماری اردو شاعری اسی عشق میں ڈوبی ہوئی ہے کہ ابتدائے عشق ہے روتا ہے کیا۔ آگے آگے دیکھئے ہوتا ہے کیا۔انسان رب کا سچا عاشق بندہ ہے تو وہ اپنے رب کے دیدر کا درد لیے اس دنیا میں مسافر کی طرح زندگی گزارے گا اور اسی عشق کے سہارے میں دنیا سے گزر جائے گا۔نبی کے عشق کا دعوی کرنے والے اور اس راہ میں درد سہنے والے بہت کم ہیں اور جو ہیں وہ مثالی ہوتے ہیں۔ایسے ہی لوگوں کے لئے شاعر کہتا ہے کہ درد کا ذائقہ بتاؤں کیا۔۔یہ علاقہ زباں سے باہر ہے۔غرض درد جسمانی ہو کہ روحانی یہ انسان کو بے چین کردیتا ہے اور اسے یہ یاد دلاتا ہے کہ یہ دنیا مصائب وآلام کو جھیلنے کی جگہ ہے جو درد سہے گا وہ مضبوط ہوگا اور حقیقی آسائش اس دنیا سے گزرنے کے بعد ہی نیک اعمال کی بنیاد پر ملے گی۔

کچھ اساتذہ ایسے بھی!

ہر سال 5 ستمبر کو ملک میں یوم اساتذہ منایا جاتا ہے اور پیشہ تدریس سے وابستہ ان مثالی اساتذہ کو ایوارڈ اور خراج عقیدت پیش کیا جاتا ہے جنہوں نے اپنی تدریسی خدمات سے ملک کے نئی نسل کی تعمیر میں اپنی گراں قدر خدمات انجام دی ہیں ایسے ہی فرض شناس اساتذہ کی خدمات کو سلام پیش کرتے ہوئے کچھ ایسے اساتذہ کی نشاندہی بھی ضروری ہے جو پیشہ تدریس سے وابستہ رہتے ہوئے اپنے پیشے اوراس سے وابستہ حقیقی خدمت گزار اساتذہ کا نام بدنام کرنے میں ملوث ہوتے ہیں۔ ایسے اساتذہ تعداد میں تو کم ہوتے ہیں لیکن جا بجا ہم ان کی موجودگی کو محسوس کرتے ہیں۔ سرکاری ملازمت میں داخل ہونے کے لیے یہ اساتذہ جی جان کی کوشش کرتے ہیں پڑھائی کے علاوہ کبھی سفارش کبھی اپنے مرحوم باپ کی بدولت ملازمت میں داخل تو ہوجاتے ہیں لیکن اپنی پرانی صفت نہیں بھولتے۔ اساتذہ کی اس فہرست میں سرفہرست وہ اساتذہ ہوتے ہیں جو دن جاؤ گنڈے آؤ کے فارمولے پر عمل پیرا ہوتے ہیں۔ نہ وہ کبھی کمرہ جماعت میں پابندی سے بچوں کی کلاس لیتے ہیں اور نہ کبھی کسی تدریسی عمل میں لائق ستائش ہوتے ہیں وقت کی بے برکتی کے زمانے میں وہ پہلی تاریخ کے منتظر رہتے ہیں اور جیسے ہی پہلی تاریخ آ گئی تنخواہ پا کر خوش ہوجاتے ہیں۔ لیکن تھیلی کے سوراخ کی طرح ان کی تنخواہ مختلف اقساط بھرنے میں دس تاریخ تک ختم ہوجاتی ہے پھر پہلی تاریخ کے منتظر رہتے ہیں۔ کچھ اساتذہ ہمیشہ گرانی الاؤنس ڈی اے کی اگلی قسط کے اعلان کے منتظر رہتے ہیں ہمیشہ چائے کے دوران یا لنچ کے دوران ان کی گفتگو کا محور حکومت رہتی ہے کہ کب حکومت ڈی اے کی اگلی قسط کا اعلان کرے گی اور کب ان کی تنخواہ میں اضافہ ہوگا۔ جب سال ڈیڑھ سال کے بعد حکومت کی جانب سے ڈی اے کی اگلی قسط کی ادائیگی کا اعلان ہوجاتا ہے تو یہ خوشی سے پھولے نہیں سماتے راتوں رات تمام واٹس اپ

گروپوں میں جنگل کی آگ سے زیادہ تیزی سے ڈی اے کے اعلان کوشئر کرتے جاتے ہیں اور صبح ہوتے ہوتے کسی ماہر ریاضی کے تیار کردہ ٹیبل کوشئر کرتے ہیں کہ کتنی بنیادی یافت پر کتنی تنخواہ بڑھے گی۔ کچھ اساتذہ جو اپنے بچوں کی بہتر تعلیم کی خاطر بڑے شہروں میں رہتے ہیں اور روزانہ پچاس تا سوکلومیٹر سفر کرتے ہیں ان کی زندگی کا مقصد بھی پڑھانا کم اور آنا ٹکلی مار کر جانا زیادہ ہوتا ہے۔ جب بھی گفتگو کریں گے کہ یہی کہتے نظر آئیں گے بھائی ٹرین کا وقت ہو رہا ہے باقی باتیں کل۔ اسکول یا کالج کو آتے وقت آدھا یا ایک گھنٹہ دیر سے آئیں گے۔ اور جاتے وقت آدھا گھنٹہ پہلے جائیں گے کہ بھائی ٹرین فلاں اسٹیشن تک پہنچ گئی ہے۔ آج کل ٹرین کی آمد کے لیے واٹس اپ ایپ بھی آ گئے ہیں جس سے اندازہ ہوتا ہے کہ کونسی ٹرین کس اسٹیشن تک پہنچی ہے اور اپنے مقام تک کب تک پہنچے گی۔ جب ٹرین میں چڑھ جاتے ہیں تو کسی طرح لوگوں سے گزارش کر کے بیٹھنے کی جگہ بنا لیتے ہیں اور پھر فون پر سارا سفر دوست احباب سے چیاٹنگ یا پھر سونے میں گزارتے ہیں۔ تو چل میں آیا کے مصداق ان اساتذہ کی ساری توانائی گھر سے اسکول اور اسکول سے گھر تک سفر کرنے میں گزر جاتی ہے۔ ملازمت کے دس پندرہ سال گزر جانے کے بعد جب اردو اکیڈیمی یا حکومت کی جانب سے بیسٹ ٹیچر ایوارڈ کا اعلان ہوتا ہے تو اس طرح کے اساتذہ سفارش کی بنیاد پر ایوارڈ بھی حاصل کر لیتے ہیں دوسرے دن جب اخبار میں ان کی تصویر اور بیسٹ ٹیچر ایوارڈ کی نیوز آتی ہے تو حیرت ہوتی ہے کہ یہ کس شعبے میں بیسٹ ٹیچر ہیں۔ اردو کے زوال کا نوحہ پڑھنے والے اور اردو میڈیم کی جائیداد پر نوکری کرنے والے ایسے سینکڑوں اساتذہ ہیں جن کے خود کے بچے انگریزی میڈیم میں پڑھتے ہیں گھر میں اردو اخبار کی جگہ انگریزی اخبار آتا ہے اور یہ اپنی تقریروں میں اردو کو زندہ کرنے کے جھوٹے نعرے دیتے رہتے ہیں۔ کچھ اساتذہ سرکاری نوکری تو کرتے ہیں لیکن حقیقت میں وہ رئیل اسٹیٹ ڈیلر ہوتے ہیں اور ہمیشہ اپنے ساتھیوں کو زمینات اور مکانات خریدنے بیچنے کے مشورے دیتے ہیں کسی کو مکان دلا بھی دیا تو دو مہینے کے بعد اسے پھر سے مکان بیچنے کا مشورہ دیتے ہیں کیوں کہ اس سے انہیں

مزید کمیشن ملنے کی توقع رہتی ہے۔ سنا ہے کہ کچھ اساتذہ جو کافی دولت مند ہوتے ہیں سودی لین دین میں بھی ملوث ہوتے ہیں۔ جب چاہیں کسی کو لاکھ دو لاکھ قرض دے کر اس سے سود وصول کرتے ہیں۔ کچھ اساتذہ اپنے ہی ساتھی اساتذہ کی کھوج میں لگے رہتے ہیں اور ہیڈ ماسٹر یا پرنسپل کے کان بھرتے رہتے ہیں کہ صاحب آپ کے بارے میں فلاں صاحب یہ کہہ رہے تھے اگر ہیڈ ماسٹر نے کچھ کہہ دیا تو ساتھی اساتذہ کے کان بھریں گے کہ دیکھو ہیڈ ماسٹر صاحب آپ کے بارے میں یہہ کہہ رہے تھے آگ لگا کر تماشا دیکھنا ان لوگوں کا کام ہوتا ہے۔ کچھ اوڈی اساتذہ ہوتے ہیں وہ ملازمت تو کسی ایک اسکول یا کالج میں کرتے ہیں تنخواہ بھی وہیں سے اٹھاتے ہیں لیکن آن ڈیوٹی کے لیے اپنے گھر سے قریب کسی پراجیکٹ یا کسی ٹریننگ میں مصروف رہتے ہیں اور طلباء کو نقصان پہنچا کر خود سرخ رو ہوتے ہیں۔ الیکشن کی ڈیوٹی پر اکثر اساتذہ کو مامور کیا جاتا ہے جس کے لیے انہیں اچھی رقم بھی دی جاتی ہے لیکن گاؤں میں جب سرپنچ کے الیکشن میں جاتے ہیں تو پہلے ہی گاؤں والوں یا متوقع سرپرنچ سے کہہ کر مرغی کا سالن بنانے کے لیے کہتے ہیں جب کوئی سرپنچ جیت جائے تو اس سے انعام وصول کرتے ہیں۔ کچھ اساتذہ کے میڈیا سے تعلقات ہوتے ہیں اگر کوئی تاخیر سے اسکول کو آرہا ہے تو اس کی خبر رپورٹر کو دیں گے وہ انہیں بلیک میل کرے گا اور رقم وصول کرے گا۔ کمرہ جماعت میں سو جانے والے اساتذہ کے ویڈیو بھی ہم نے دیکھے ہیں اور افسران بالا کے دورے پر جواب نہ دینے والے اساتذہ بھی۔ اپنے ہی پیشے سے وابستہ کچھ اس طرح کے چہروں کو بے نقاب کرتے ہوئے اچھا نہیں لگتا لیکن کیا کریں کہ یوم اساتذہ کے پیغام کے طور پر ان کام چور اساتذہ سے یہی گزارش کی جاسکتی ہے کہ خدارا اپنے سماج میں موجود محنتی اور فرض شناس اساتذہ سے کچھ سبق سیکھیں اور عزت والے اس پیشہ سے وابستگی اور اپنی تنخواہ کو حلال بنانے کی فکر کریں۔

گھر

انسان کی بنیادی ضرورتیں روٹی، کپڑا اور مکان ہیں۔ اللہ رزاق ہے وہ اپنی تمام مخلوقات کو اپنے خزانہ غیب سے اس طرح رزق پہنچاتا ہے کہ رات میں کوئی بھوکا نہیں رہتا کسی کو کم تو کسی کو زیادہ۔ توکل کے معاملے میں انسانوں سے زیادہ پرندے آگے ہوتے ہیں کیوں کہ وہ اپنے آشیانوں میں مہینے بھر کا غلہ جمع نہیں رکھتے صبح اپنے خالق کی حمد بیان کرتے ہوئے اس وسیع وعریض زمین پر رزق کی تلاش میں پھیل جاتے ہیں اور خود پیٹ بھر کر گھونسلے میں موجود بچوں کے لیے بھی دانہ لاتے ہیں۔ انسان ہو یا جاندار اسے موسم کی شدت سے بچنے کے لیے اور سر چھپانے کے لیے ایک گھر کی ضرورت ہوتی ہے۔ لفظ گھر سنتے ہی ایک طمانیت اور سکون کا احساس ہوتا ہے۔ روزانہ لوگ روٹی روزی کی تلاش میں کچھ نہ کچھ کام کے لیے اپنے گھروں سے باہر نکلتے ہیں جب شام میں واپسی کا سفر ہوتا ہے تو سب کو ایک ہی دھن سوار رہتی ہے کہ گھر جانا ہے۔ گھر کے تصور سے ہی ایک قسم کے آرام اور سکون کا خیال دل میں آتا ہے۔ یہی وجہ ہے کہ انسان زندگی میں پر سکون گھر کی تلاش میں لاکھ جتن کرتا ہے۔ اور اپنے لیے ایک اچھے گھر کا انتظام کر لیتا ہے۔ گھر یا تو ذاتی ہوتا ہے یا کرائے کا۔ اس ضمن میں دنیا کے لوگوں کی دو طرح تقسیم ہوتی ہے۔ ایک مالک مکان اور دوسرے کرائے کا مکان۔ کسی مفکر کا قول ہے کہ بے وقوف مکان تعمیر کرتے ہیں اور عقل مندان میں کرائے سے رہتے ہیں۔ تجارتی ذہن رکھنے والوں کا یہ خیال رہتا ہے کہ ایک گھر کے لیے لاکھوں کروڑوں روپے خرچ کرنے کی ضرورت کیا ہے۔ وہی پیسہ تجارت میں لگا کر منافع کماؤ اور کرائے کے گھر میں رہ کر مالک مکان کو ستاتے رہو۔ کچھ کمزور قسم کے مالک مکان گھر کرائے پر دے کر پریشان رہتے ہیں اور ظالم کرایہ دار سے کرایہ وصول کرنے کے لاکھ جتن کرتے ہیں۔ کرایے دار قبضہ نہ کر لے اس لیے گیارہ مہینوں کا کرایہ نامہ لکھوایا جاتا ہے اور ہر سال پابندی سے کرایہ بڑھانے کا عہد لیا جاتا ہے۔ ادھر کچھ دنوں سے ہمارے ملک میں بلڈوزر

کاروائی لوگوں کے ذہنوں میں بیٹھی ہوئی ہے۔ اگر کسی کا ناحق گھر گرایا جاتا ہے تو گھر والا بے گھر ہو جاتا ہے اور وہ جس درد سے گزرتا ہے اسے غالب کی غزل کے اس شعر سے سمجھا جا سکتا ہے۔

قفس میں مجھ سے روداد چمن کہتے نہ ڈر ہمدم
گری جس پہ کل بجلی وہ میرا آشیاں کیوں ہو

ہر کوئی چاہتا ہے کہ اس کا گھر محفوظ رہے۔ لیکن آشیانوں پر سرکاری بجلی گرتی ہے تو بڑا دکھ ہوتا ہے کہ زندگی بھر کی کمائی سے جو گھر بنایا تھا وہ کیسے ڈھیر کر دیا گیا۔ لیکن کچھ باہمت لوگ ہوتے ہیں جن کے بارے میں شاعر نے کہا کہ

نشیمن پر نشیمن اس قدر تعمیر کرتا جا
کہ بجلی گرتے گرتے آپ خود بے زار ہو جائے

زمینی فرعون یہ نہیں دیکھتے کہ ایک قدرت اور فطرت کی طاقت ہوتی ہے جو کمزوروں کی آہوں سے جلال میں آتی ہے اور جب اس کا جلال تیز بارش کی صورت میں ہوتا ہے تو اپنے راستے میں آنے والے سبھی کچے پکے مکان بہا کر لے جاتی ہے جس کی مثال ہم نے شمالی ہند میں دیکھی ہے۔ انسان کا اس دنیا میں قیام عارضی ہے لیکن وہ ایسا پختہ مکان تعمیر کرتا ہے کہ جب وہ اس دنیا سے گزرتا ہے تو اپنے پیچھے جائداد کی شکل میں ایک فتنہ چھوڑ جاتا ہے سمجھدار بچے شریعت کے مطابق گھر تقسیم کر لیتے ہیں ورنہ جب بھائیوں میں جائیداد کی تقسیم کا جھگڑا ہوتا ہے تو منور رانا کے اس شعر کی کیفیت سامنے آتی ہے۔

کسی کو گھر ملا حصے میں یا دکاں آئی
میں گھر میں سب سے چھوٹا تھا مرے حصے میں ماں آئی

جائداد کی تقسیم کے وقت دیکھا گیا ہے کہ آٹھ بچے مل کر ایک ماں کو سنبھالنے کے لیے تیار نہیں جب کہ ایک ماں نے خود بھوکا رہ کر سب کا پیٹ بھرا تھا۔ اسی لیے آج کل کے سمجھدار بزرگوں کا کہنا ہے کہ زندگی میں کبھی اپنی اولاد میں گھر کی تقسیم مت کرو ورنہ زندگی میں ہی بے گھر ہو جانے کے اندیشے رہتے ہیں۔ جو لوگ امیر ہیں انہیں اے سی گھروں میں بھی نیند نہیں آتی اور انہیں کاروبار

اور دولت کی فکر کھائے جاتی ہے اور وہ نیند کی گولی کھا کر بے خوابی کا شکار رہتے ہیں۔ غریب اور مزدور روکھی سوکھی کھا کر بھی چین کی نیند سو جاتے ہیں۔ دنیا میں کئی غریب ایسے ہیں جن کا کوئی گھر نہیں ہوتا وہ رات بس اسٹینڈ یا ریلوے اسٹیشن میں یا بازار میں کسی دکان کے نیچے یہ کہہ کر گزارا کرتے ہیں کہ رہنے کو گھر نہیں ہے سارا جہاں ہمارا۔ بات جب گھر کی چلی تو ہم اپنے ماضی کو بھی یاد رکھیں جب کشادہ گھر ہوا کرتے تھے۔ آنگن میں نیم کے پیڑ کی چھاؤں میں جھولا لگتا تھا۔ گھر میں چڑیاں آتی تھیں اور پالتو جانور اور باغ ہوا کرتے تھے اب تو گھر اتنے چھوٹے ہو گئے ہیں کہ ایک کمرے میں سارا خاندان رہنے کو مجبور ہے بمبئی میں اسے کھولی کہتے ہیں جس کے حصول کے لیے دادا لوگوں سے تعلقات رکھنے پڑتے ہیں شہروں میں فلیٹ کی زندگی ہو گئی ہے۔ جہاں کی دیواریں اتنی نازک کے ایک طرف کیلا مارے تو دوسرے کے گھر میں نکل جائے اور میاں بیوی کی جھگڑے پڑوسی کو سننے میں آئے۔ اور گھر کے دھلے کپڑے کھڑکی سے ساری دنیا کو نظر آتے ہیں۔ کچھ خواتین کو اچھے گھر بھی پسند نہیں آتے اور وہ اپنے ہی گھر میں بوریت کا اظہار کرتی ہیں تو انہیں کبھی غریبوں کے ٹین شیڈ کے مکان کی سیر کرانی چاہیئے جب انہیں احساس ہوتا ہے کہ اپنے گھر میں کیا کچھ نہیں۔ اپنے گھر اور ملک کو چھوڑ کر دولت کمانے باہر جانے والے نوجوان جس طرح مرغی خانہ نما کمروں میں رہتے ہیں جس میں ایک کے اوپر ایک تین برہمچاری پلنگ چاروں طرف لگے ہوتے ہیں جہاں باتھ روم اپنی باری سے جانا ہوتا ہے ان لوگوں کے حال پر رحم کرنا چاہئے اور ان سے کبھی آئی فون لانے کی فرمائش نہیں کرنی چاہئے۔ آج کل گھر جنت کے بجائے جہنم بن گئے ہیں میاں بیوی کے روز کے جھگڑے اولاد کی نافرمانی اور راتوں میں جاگنے کی لت نے گھروں کا سکون ختم کر دیا ہے۔ وائی فائی کی لعنت نے ایک گھر کے لوگوں کو کھانے پر جمع ہونے سے روک دیا ہے۔ اس لیے ضروری ہے کہ گھر کے پرانے نظام کو بحال کیا جائے۔ گھر پر کوئی مہمان آئے تو اسے رحمت سمجھا جائے۔ اور انسان جب تک حیات رہے یہی سوچتا رہے کہ کرایہ دار ہوں ذاتی مکان تھوڑی ہے!

حیدرآباد میں دبئی!

ہمارے ایک دوست خان صاحب ہیں۔ظہیرآباد میں رہتے ہیں ایک مرتبہ ملاقات کے لیے آئے ادھرادھر کی باتوں کے بعد کہنے لگے کہ حضرت میرا بیٹا گرائجویٹ ہے۔یہاں ملازمت کے مواقع کم ہیں سوچ رہا ہوں باہر بھیج دوں آپ کی کیا رائے ہے۔میں نے انہیں سمجھایا کہ خان صاحب باہر کے حالات اب پہلے جیسے نہیں رہے دن رات محنت کرنے کے بعد کرائے کا گھر اور دیگر اخراجات کے بعد کچھ نہیں بچتا اور بچے گھر سے دور ہوجاتے ہیں کیوں نہ آپ اپنے بچے کو حیدرآباد بھیج دیں۔اب کسی کو دبئی' قطر' امریکہ' لندن' آسٹریلیا لاکھوں روپے لگا کر بھیجنے کی ضرورت نہیں ہے۔اب اپنا حیدرآباد بھی دبئی ہوچکا ہے۔جس طرح لوگ ہزاروں روپے لگا کر ویزا اپلائی کرتے تھے اور باہر جا کر کفیل کے مظالم سہتے تھے۔اب اس کی ضرورت نہیں رہی۔اب ملک کے کسی بھی حصے سے حیدرآباد کا رخ کرنا ہے اور حیدرآباد میں قیام کرتے ہوئے دبئی سے زیادہ پیسے کمانا ہے۔اب حیدرآباد میں دبئی آگیا ہے۔ہمارے حیدرآباد میں کیا نہیں ہے۔شیخ پیٹ برج کے آگے جیسے ہی بڑھیں گچی باؤلی' ہائی ٹیک سٹی اور نئے شہر فینانشیل ڈسٹرکٹ کی بلند و بالا عمارتیں دیکھ کر آپ اندازہ نہیں کرسکتے کہ آپ حیدرآباد میں ہیں یا دبئی میں۔یہاں ہندوستان اور دنیا کے کئی ممالک کے باشندے آباد ہیں۔آپ نے دیکھا ہوگا اور سنا ہوگا کہ افریقی ممالک خاص طور سے کینیا وغیرہ کے کالے سیاہ فام لوگ ٹولی چوکی پیراماؤنٹ کالونی اور دیگر کالونیوں میں آباد ہیں۔وہ یہاں پڑھائی کے غرض سے آئے بعد میں اپنے والدین اور بیوی بچوں کے ساتھ قیام پذیر ہوگئے۔ان کی آبادیاں جہاں ہیں وہاں بیکری اور کھانے پینے کی اشیاء کے کاروبار خوب چلتے ہیں۔ان کے ممالک کی کرنسی شائد یہاں زیادہ روپیہ فراہم کرتی ہے اس وجہہ سے یہاں مکان داروں کو خاطر خواہ کرائے بھی ملتے ہیں۔یہی وجہہ ہے کہ اضلاع اور دیہاتوں سے لوگ اپنی زرعی زمینیں بیچ کر یا باہر سے جو پیسہ کما کر لائے تھے اس سے خریدے گئے فلیٹس کو کرائے پر دے کر مست زندگی گزار رہے ہیں۔حیدرآباد کو دبئی

سمجھ کر بہار یو پی جارکھنڈ کے ہزاروں ہنرمند نوجوان حیدرآباد آرہے ہیں یہاں تعمیری شعبہ میں کام بہت ہے اور ایک لیبر ہزار روپیہ یومیہ اور ایک پلمبر اور ٹائلس بٹھانے کا ماہر تین ہزار روپیہ یومیہ کما رہا ہے۔ کبھی آپ نے سنا تھا کہ حیدرآباد میں کوئی مسلمان حجامت کا کام کرتا تھا لیکن اب یہ حقیقت بن گئی ہے کہ شمالی ہند کے کئی ہنرمند حجام حیدرآباد مین سیلون کی دکانیں کھول لیے ہیں اور روزانہ ہزااروں روپیہ کما رہے ہیں۔ ان لوگوں کی بنیادی غذا روٹی ہوتی ہے۔ اس طرح حیدرآباد میں ان لوگوں کے لیے روٹی چاکنا اور ان کی پسند کی غذاؤں کے کاروبار بھی خوب چل رہے ہیں۔ ان محنت کشوں کے لیے قیام بھی ایک مسئلہ تھا اس کا حل انہوں نے اس طرح نکال لیا کہ دس تا پندرہ لوگوں کا ایک گروہ ایک فلیٹ کرایہ پر لیتا ہے جس کا کرایہ بارہ تا پندرہ ہزار ہوتا ہے جہاں نہانے دھونے کی سہولت اچھی ہوتی ہے اس طرح ایک شخص صرف دو ہزار روپیہ میں حیدرآباد میں دبئی کے مزے لیتا ہے۔ حیدرآباد میں ہوٹل اور بیکری کا کاروبار خوب چلتا ہے کیوں کہ اب کسی کو مزے دار کھانے خود پکانے کی ضرورت نہیں ہے۔ بس اپنے ہنر سے پیسے کماؤ اور من چاہے چھوٹے بڑے کی ہوٹلوں میں روٹی شیخ کباب مرغ مسلم بریانی حلیم کھاؤ۔ مزے دار چائے پیو اور رب کا شکر ادا کرو کہ اس نے سستے اور اچھے حیدرآباد میں انہیں روزگار سے لگایا ہے۔ حیدرآباد اب دنیا بھر میں آئی ٹی کا ہب بنا ہوا ہے۔ یہاں بنگلور، میسور، کلکتہ دہلی وغیرہ سے نوجوان ملازمت کے لیے پہنچ رہے ہیں۔ ہائی ٹیک سٹی ناچارام اور دیگر علاقوں میں بڑی بڑی امریکی کمپنیوں کے دفاتر ہیں جہاں دن رات ہندوستانی ماہرین سے کام لیا جاتا ہے جو امریکہ کے مقابلے سستے لیبر کی طرح ہے۔ حیدرآباد میں ایک کروڑ سے زیادہ نفوس رہ رہے ہیں اور یہاں سب کی ضرورتیں ماشاللہ پوری ہورہی ہیں۔ صبح ہوتے ہی بسوں گاڑیوں آٹوؤں اور کمپنی کی کاروں کے قافلے لوگوں کو اپنے کام کی جگہ لے جانے کے لیے سڑکوں پر رواں دواں ہیں۔ اب شہر میں سڑک کے علاوہ اوپر سے چلتی ٹرینوں کا ایک جال ہے جسے میٹرو اور ایم ایم ٹی ایس کہا جاتا ہے جس سے لاکھوں لوگ استفادہ کررہے ہیں۔ اب کسی کو کار خریدنے اور اس کی پارکنگ کے

جھنجھٹ کی ضرورت نہیں چار سو روپے میں اولا اوبر کے ذریعے آپ لاکھوں کی کار کے مزے اٹھا سکتے ہیں۔ گھر میں بیوی ناراض ہے پکوان کے لیے جھگڑا کر رہی ہے کہ میں کیوں پکاؤں اگر آپ حیدرآباد میں دبئی کے مزے اٹھانا چاہتے ہیں تو فون اٹھائیے سوگی زوماٹو پر من پسند کھانے بک کیجیے تھوڑی دیر میں خادم آپ کے گھر پر بریانی کی پیکٹ دے کر جائے گا۔ کہا جاتا ہے کہ دنیا میں سب سے سستا اچھا اور مزے دار کھانا حیدرآباد میں ملتا ہے لوگوں کا تجربہ ہے کہ بمبئی دہلی اور دیگر شہروں میں ہزاروں کا بل دے کر بھی اتنا اچھا کھانا نہیں ملتا جتنا حیدرآباد میں دو سو تا چار سو مل جاتا ہے۔ ایک دور تھا مہدی پٹنم تاٹولی چوکی صرف ایک سڑک اور 216 بس جایا کرتی تھی زمانے کی ترقی کے بعد اب ٹولی چوکی ہی شارجہ سے کچھ زیادہ بارنق ہو گیا ہے۔ سالار جنگ کالونی پر ہوٹلوں کو جو چین ہے وہ ریاض کے حارہ سے کہیں زیادہ مقبول ہو گیا ہے جہاں شام ہوتے ہی مزے دار کھانوں کے متوالے ہوٹلوں کا رخ کرنے لگتے ہیں۔ حیدرآباد میں اتنے تفریحی علاقے ہیں کہ خود حیدرآبادیوں کو پتہ نہیں باہر سے آکر لوگ محکمہ ٹورازم سے مختلف تفریحات کا انتظام کر لیتے ہیں۔ چراغ تلے اندھیرا کے مصداق خود حیدرآبادی بچے بڑے ہو کر ماں باپ سے لاکھوں روپے لیکر بیرونی ملک جا رہے ہیں اور وہاں محنت مزدوری کرنے کے لیے راضی ہیں لیکن اپنے ذاتی گھر میں آرام سے گھر کا کھانا کھا کر پچیس پچاس ہزار روپے حیدرآباد میں کمانا نہیں چاہتے۔ جب کہ حیدرآباد کی قدر کرتے ہوئے ہندوستان اور دنیا بھر سے نوجوان حیدرآباد کر رخ کر رہے ہیں اور اچھی خاصی آمدنی کماتے ہوئے خود خوش ہیں اور ان کے والدین بھی۔ اس لیے ہمارا مشورہ خان صاحب کے بیٹے اور ان تمام نوجوانوں سے ہے کہ وہ گھر کی مرغی دال برابر سمجھ کر حیدرآباد کی ناقدری نا کریں۔ اپنے اندر ہنر پیدا کریں۔ حیدرآباد آئیں۔ یہاں کسی یونیورسٹی یا ادارہ میں اعلیٰ تعلیم کے لیے داخلہ لیں۔ اضافی اوقات میں امیزان یا کسی خانگی کاروباری ادارے میں کام کریں اور بعد میں اپنے ہنر سے ہزاروں نہیں لاکھوں مہینہ کما کر حیدرآباد میں دبئی کے مزے اٹھائیں۔

کرسی صدارت

ڈھلتی عمر کے ساتھ انسان کی بے کاری بڑھتی جاتی ہے اور گھریلو اور سماجی اہمیت بھی کم ہوتی جاتی ہے۔ گھر محلے اور سماج میں انسان بوجھ بنا رہتا ہے۔ اگر کوئی سرکاری ملازم تھا تو کسی نہ کسی عہدے سے وظیفہ پر سبکدوش ہوگا۔ اگر تاجر ہے یا خانگی ملازم وہ بھی اچھی سماجی حالت کے ساتھ بڑھاپے کو پہنچے گا۔ اسی طرح اگر کوئی یونیورسٹی کا پروفیسر ہو یا شاعر یا ادیب اس کی بھی سماجی حیثیت ہوتی ہے۔ تاہم انسان کو احساس رہتا ہے کہ گزر اوقات اور ہمیشہ سماج میں اس کا چرچا ہوتا رہے اس کے لیے اس کے پاس کوئی نہ کوئی عہدہ ہونا چاہئے۔ چنانچہ وہ اپنا اثر و رسوخ استعمال کر کے چاپلوسی یا جھوٹی شان کے اظہار کے لیے کچھ نہ کچھ عہدہ حاصل کر لیتا ہے۔ اور یہ عہدہ صدارت کا ہوتا ہے۔ جو لوگ بڑھاپے میں کسی کام کے نہیں رہتے اور خیر سے اپنے آخری سفر کی تیاری میں پابندی سے مسجد جا کر نماز کا اہتمام کرتے ہیں۔ زندگی میں کبھی کوئی آفیسر رہے صدر مدرس پرنسپل رہے دوران ملازمت اپنی ماتحتی میں دوسروں کو احکامات جاری کرنے اور ماتحتوں کو غصہ کرنے کی عادت سے مجبور تھے اب وظیفہ پر سبکدوشی کے بعد وہی عادت انہیں بے چین کئے جاتی ہے اور وہ چاہتے ہیں کہ مسجد کے انتظامات میں ان کا عمل دخل ہو اس لیے وہ چاہتے ہیں کہ ان کے پاس مسجد کی صدارت یا معتمدی کا عہدہ آجائے وہ انتظامات میں کمی کی شکایت کرتے ہوئے سابقہ کمیٹی کو برا بھلا کہنے لگتے ہیں اور اپنے سابقہ عہدے کا اثر دکھا کر کسی طرح مسجد میں عہدہ حاصل کر لیتے ہیں۔ اب وہ مسجد کے موذن کو کچھ کہیں گے اور امام کو بھی۔ جب کہ ہر نماز میں یہ نیت کرتے ہیں کہ تابع اس امام کے لیکن جیسے ہی نماز سے باہر نکل آئے امام اور موذن کو اپنے گھر کا ملازم سمجھ کر ڈانٹتے ہیں۔ یہی جناب صدر چاہتے ہیں کہ ہر جاگنے کی رات میں جلسہ ان کی صدارت میں ہو۔ اور ان کی بھی گلپوشی کی جائے۔ جب بھی کچھ

اعلان ہو ان کے نام سے ہو۔ مسجد میں بڑا بورڈ لگایا جائے گا کہ بغیر صدر کی اجازت کے کوئی صاحب اعلان یا اپیل نہ کریں۔ ہر جمعہ کو چندے کے ڈبے کا حساب کتاب ان کی نگرانی میں ہوگا۔ اور لوگ جب بھی انہیں صدر صاحب کہیں گے ان کا سینہ فخر سے پھولے نہ سمائے گا۔ اخبار میں نیوز شائع ہو تو ان کے نام کے ساتھ الحاج اور صدر مسجد انتظامی کمیٹی فلاں فلاں ضرور لکھا جائے گا۔ کرسی صدارت کا شوق صرف مسجد تک نہیں یہ شوق یا یوں کہئے کہ بیماری مشاعروں اور ادبی جلسوں میں زیادہ ہے۔ جب بھی کوئی ادارہ کوئی مشاعرہ یا جلسہ کرے گا اس کے سامنے پہلا سوال یہی آئے گا کہ صدارت کسے دی جائے۔ سماج میں کچھ با اثر سابقہ فلاں فلاں لوگ ہوتے ہیں وہ چاہتے ہیں کہ وہ بھی کسی مشاعرے کی صدارت کریں یا جلسے کے مہمان خصوصی ہوں جب منتظمین ان سے صدارت کی درخواست لے کر پہنچیں گے تو پہلے تو وہ اپنی مصروفیات کا جھوٹا بیان کریں گے لیکن ان کی خواہش ہوتی ہے کہ وہ اس مشاعرے کی صدارت کرلیں۔ کہیں گے پھر بھی آپ کے کہنے پر میں اپنی مصروفیات ترک کرنے تیار ہوں۔ پوچھیں گے کہ کتنے لوگوں کی آمد متوقع ہوگی۔ صدر صاحب کی شال پوشی اور گلپوشی کس طرح ہوگی ان کی آمد و رفت کا انتظام کیا ہوگا۔ منتظمین اپنی تنگ مالی حالت کا ذکر کریں گے تو جناب صدر اپنی جانب سے ہزار تا پانچ ہزار دینے کے لیے راضی ہو جائیں گے۔ آج کل ادبی جلسوں اور مشاعروں میں سامعین کو بلانا جوئے شیر لانے سے کم نہیں ہوتا۔ اگر منتظمین خانگی طور پر کہہ دیں کہ پروگرام کے بعد بریانی یا اسنیک باکس دیا جائے گا تو کچھ ریگولر سامعین اپنے کسی دوست کے ساتھ آجائیں گے اور پروگرام کسی طرح کامیاب ہو جائے گا۔ آج کل گھر کے دیوان خانوں میں کامیاب مشاعرے منعقد ہو رہے ہیں جن کی صدارت کے کئی دعویدار ہوتے ہیں اور ان کی رپورٹنگ اس طرح کی جاتی ہے کہ مشاعرے میں سامعین کی کثیر تعداد نے شرکت کی جب کہ واٹس اپ کی فوٹو سے پتہ چلتا ہے کہ دیوان خانے میں آٹھ شاعر اور دو چار سامعین ہی تھے۔ کرسی صدارت پر جو صاحب فائز ہوتے ہیں وہ جلسے میں کچھ تاخیر سے آتے ہیں اور ان کی آمد کا اعلان ہوتا رہتا ہے کہ جیسے ہی صدر

صاحب آجائیں مشاعرے کی کاروائی شروع ہوگی۔ اکثر مشاعروں میں ایسی شخصیت کو صدارت دی جاتی ہے جن کا شاعری سے دور دور تک تعلق نہیں ہوتا۔ تمام شعرا کلام سناتے وقت ان کو مخاطب کر کے کہتے ہیں جناب صدر کی توجہ چاہوں گا اور جناب صدر اس سوچ میں رہتے ہیں کہ وہ صدارتی تقریر میں کیا کہیں گے۔ جب ان کو صدارتی تقریر کے لیے بلایا جاتا ہے تو وہ منتظم کی جانب سے لکھی ہوئی تقریر پڑھ دیں گے۔ ان کے ہاتھوں سے تقسیم انعامات اور شال پوشی عمل میں آتی ہے اور گروپ فوٹو لیا جاتا ہے جو اگلے دن اخبارات میں شائع ہو کر فیس بک اور واٹس اپ پر گردش کرتی رہتی ہے۔ اور جناب صدر اگلے مشاعرے کی صدارت کے منتظر رہتے ہیں۔

کرسی صدارت اور عہدے کے لالچ کا یہ عالم ہے کہ اگر کوئی سیاسی عہدے پر دو سال کے لیے تھا تو بعد میں زندگی بھر اس کے نام کے ساتھ سابق چیرمین' سابق معتمد اور سابق فلاں فلاں لکھا جاتا رہے گا۔ جب کہ ان کا حال کچھ نہیں ہوتا۔ کسی سمینار کی صدارت میں کسی سینیر پروفیسر کو مدعو کیا جاتا ہے۔ جناب صدر کی پریشانی یہ ہوتی ہے کہ انہیں مکمل پروگرام میں کرسی پر بیٹھنا ہوتا ہے جب آخر میں ان کی صدارتی تقریر کا موقع آتا ہے تو انہیں بولنے کے لیے کچھ موضوع باقی نہیں رہتا لیکن کچھ ماہر صدور اس قابل ہوتے ہیں کہ وہ تمام پروگرام کا تجزیہ کرتے ہیں اور اپنی دلچسپ تقریر سے واقعی صدارت کا حق ادا کرتے ہیں۔ سمیناروں میں چونکہ رقمی منظوری ملتی ہے اس لیے جناب صدر کو اچھا خاصا لفافہ آمد و رفت کا خرچ جو کبھی کار کا بھی ہوتا ہے تو کبھی ہوائی جہاز کا ٹکٹ اور مقامی خاص مٹھائی کے ڈبے دینا ہوتا ہے جاتے جاتے وہ کنوینز سمینار سے دس بارہ سرٹفکیٹ لے کر جائیں گے اور اپنے ریسرچ اسکالر سے ہزار روپیہ فی سرٹفکیٹ رقم وصول کریں گے۔

بہر حال کرسی صدارت وہ کرسی ہے جس پر ہر بوڑھا ضعیف اور بیوی کا مارہ شخص بیٹھنا چاہتا ہے گھر میں اس کی اہمیت کم ہوتی جاتی ہے لیکن وہ اس طرح کے پروگراموں میں دامے درمے سخنے کچھ تعاون کرتے ہوئے کرسی صدارت حاصل کر لیتا ہے اور اخبارات اور سوشل میڈیا پر تصاویر اور پروگرام کی نیوز کی اشاعت سے سماج میں سرخ رو ہوتا ہے۔

جھوٹ کا کاروبار

انسان خطاؤں کا پتلا ہے۔ کبھی کبھی یا اکثر وہ خود کو پریشانیوں سے بچانے کے لیے جھوٹ کا سہارا لیتا ہے۔ یہ جھوٹ قولی بھی ہوتا ہے اور عملی بھی۔ اور عملی جھوٹ کی ساری دنیا میں مقبول مثال ہماری خواتین اور لڑکیوں کا میک اپ ہے جس کی وبا ءدن بہ دن بڑھتی ہی جا رہی ہے ۔ لڑکیوں کے میک اپ باکس کے اخراجات سے لے کر شادی کی تقاریب میں پارلر کے اخراجات اور مابعد شادی بیوی کے میک اپ کے سدا بہار اخراجات سے مرد حضرات پریشان ہیں۔ خواتین کا یہ دعویٰ ہے کہ خود کو خوبصورت بنائے رکھنا اور اس کے لیے میک اپ کا سہارا لینا ان کا پیدائشی اور مذہبی حق ہے۔ لیکن اس حق کا کچھ زیادہ ہی استعمال مردوں کی شکایت کا باعث بن رہا ہے۔ اور سماج میں خوبصورتی کے حوالے سے کیا سچ ہے کیا جھوٹ ہے اس کا مغالطہ بڑھتا جا رہا ہے۔ خواتین سے جب سوال کیا گیا کہ وہ میک اپ کس کے لیے کرتی ہیں کیا اپنے شوہر کو خوش کرنے کے لیے یا دنیا کو دکھانے کے لیے تو اکثر خواتین کا جواب یہ تھا اور ان کا عمل بھی یہ ظاہر کرتا ہے کہ خواتین دنیا کے سامنے دنیا والوں کے لیے خود کو خوبصورت اور پری صورت دکھانے کے لیے میک اپ کرتی ہیں۔ لیکن میک اپ کے بعد ان کی اصلیت کس طرح بدل جاتی ہے اس کے بارے میں ہزار لطیفے مشہور ہو رہے ہیں۔ ایک مرتبہ ایک لڑکی کی شادی ہوئی۔ شادی کی رات اس نے پارلر سے اچھا خاصا میک اپ کیا ہوا تھا اور ہر کوئی اس کی خوبصورتی کی داد دے رہا تھا۔ شادی کی دوسری صبح اس کے شوہر نے دیکھا کہ اس کے گھر کی کام والی کے ہاتھ میں اس کی نئی نویلی دلہن کے سونے کے کنگن ہیں۔ شوہر نے کام والی کو زور دار تھپڑ مارا اور کہنے لگا کہ تم نے میری بیوی کے کنگن چرائے تمہیں پولیس کے حوالے کرتا ہوں۔ اس کی ماں نے بیٹے کو قریب بلا کر اس کے گال پر زور دار تھپڑ مارا اور کہا بے وقوف یہ گھر کی کام والی نہیں تیری دلہن ہے۔ تب

شوہر پر حیرانگی طاری ہوگئی کہ یہ میری دلہن ہے؟ وجہ ظاہر ہے میک اپ اترنے کے بعد حقیقت سامنے آگئی اور اس کے بعد چراغوں میں روشنی نہ رہی والا معاملہ ہوگیا۔ ایک مرتبہ ایک جوان عورت اچھا خاصا میک اپ کرنے کے بعد اپنے چھوٹے بیٹے کے ساتھ کسی تقریب میں شریک تھی۔تقریب کھلے باغ میں ہورہی تھی اچانک بارش ہوگئی اور بارش کے سبب خاتون کا میک اپ ڈھل گیا۔اس خاتون کا بیٹا تقریب میں کھیل کود میں مصروف تھا۔وہ اپنی ماں کو ڈھونڈنے لگا اس نے ایک خاتون سے دریافت کیا کہ میری امی یہیں کہیں تھیں کیا آپ نے انہیں دیکھا ہے خاتون کہنے لگی گڈو میں ہی تمہاری امی ہوں۔ایک خاتون میک اپ کیئے ہوئے تھی اور ایک میچنگ سنٹر میں مخصوص رنگ کا کپڑا خریدنے گئی اس نے دکان دار سے فرمائش کی کہ میرے رنگ سے مشابہ کپڑا دیجئے۔ دکاندار نے کہا کہ آپ کے چہرے کے رنگ کا دوں یا ہاتھ کے رنگ کا کیوں کہ دونوں جگہ میک اپ ہونے اور نہ ہونے کے سبب رنگ میں انیس بیس کا نہیں بلک دس بیس کا فرق ہوگیا تھا۔ جب کسی لڑکی کے گھر کچھ لڑکے والی خواتین آتی ہیں تو ان کی فرمائش ہوتی ہے کہ لڑکی کو سادہ سے میک اپ میں دکھایا جائے تاکہ اس کے حقیقی رنگ کا پتہ ہو۔ پھر بھی جب لڑکی کو پارلر کے گھرے میک اپ میں پیش کیا جاتا ہے تو لڑکے والوں کی تجربہ کار خواتین لڑکی کی گردن اور اس کے ہاتھ پیر دیکھتی ہیں کہ اس کا اصل رنگ یہی ہوتا ہے۔ پہلے زمانے میں شادی کے موقع پر جب دلہن اپنے ماں باپ کے گھر سے وداع ہوکر سسرال جاتی تھی تو وہ پھوٹ پھوٹ کر روتی تھی کہ ماں باپ کے گھر سے جارہی ہے لیکن آج کی دلہنیں رونے کا سبق بھول گئی ہیں کچھ خواتین زبردستی انہیں رلانا چاہتی ہیں لیکن لڑکی اس لیے نہیں روتی کہ اس کا میک اپ خراب ہوجائے گا۔شادی خانے کو جیسے ہی لڑکیاں اور خواتین پہنچتی ہیں ہال میں پہنچنے سے قبل وہ اپنے میک اپ کو آخری ٹچ دیتی ہیں کہ کہیں کچھ خرابی نہ ہو۔ اکثر خواتین شادی کی تقاریب میں اس لیے برابر نہیں کھاتیں کہ ان کا میک اپ خراب ہوجائے گا۔میک اپ کے معاملے میں اب لڑکیوں کی دیکھا دیکھی لڑکے بھی اپنے چہرے کا سدھار کرارہے ہیں اس کے لیے عرف عام کا لفظ فیشیل ہے جو باربر شاپ

میں ہوتا ہے۔ جس کے لیے اچھی خاصی رقم دی جاتی ہے۔ جو لوگ اپنے بچوں کی نکاح کی تقاریب مساجد میں نہیں کرتے اور شادی خانوں میں کراتے ہیں وہاں کا بگاڑ یہی ہے کہ لڑکا پہنچ گیا اور قاضی صاحب بھی پہنچ گئے لیکن دلہن ابھی شادی خانہ نہیں پہنچی وجہ معلوم کی گئی تو پتہ چلا کہ دلہن ابھی پارلر میں سج دھج رہی ہیں۔ اپنے آپ کو فلمی ہیروئینوں کی طرح دکھانے کا رواج یا بیماری ہماری چمک دمک کی فلمی دنیا ہے۔ پہلے کچھ گھرانوں کی لڑکیاں فلم نہیں دیکھتی تھیں لیکن جب سے اسمارٹ فون اور سوشل میڈیا کا چلن عام ہو گیا ہے یہ ظاہری چمک دمک بھی بڑھ گئی ہے۔ فلمی دنیا کے ستارے میک اپ کے سہارے ہی صدا بہار خوبصورتی برقرار رکھنے کا ڈھونگ کرتے ہیں لیکن ان کے گھر والے اور ملازمین ہی حقیقت جانتے ہیں کہ فلموں کی دنیا میں اپنی خوبصورتی سے آگ لگانے والی ان کی مالکن حقیقت میں کس قدر بھونڈی اور عمر رسیدہ ہیں۔ میک اپ کے اس جھوٹ کے کاروبار میں گلی گلی پارلر کھل گئے ہیں اور گھریلو صنعت کی طرح پارلر کا کاروبار اچھا چل رہا ہے۔ کسی کی جیب خالی تو کسی کی بھری کا معاملہ ہے۔ سدا بہار خوبصورت اور نورانی چہرہ دکھانے کے لیے ضروری ہے کہ ہماری لڑکیاں اور خواتین باوضو رہیں اور اسلامی شعار کی پابندی کرتی رہیں اور گھر کے مردوں کو یہ مغالطہ نہ ہونے دیں کہ جس عورت کے ہاتھ میں قیمتی سونے کے کنگن پہنائے گئے تھے وہ کسی کی بیوی ہے نا کہ گھر کی ملازمہ۔

حیدرآبادی باتاں

شہرمحبت شہر اردو حیدرآباد جہاں اپنی مخصوص تہذیب اور تاریخی وعصری عمارتوں اور اپنے لذیذ پکوانوں کے لیے مشہور ہے وہاں اہل حیدرآباد اپنے مخصوص رہن سہن اور بول چال کے لیے بھی جانے جاتے ہیں۔ دکنی لہجے والی حیدرآبادی گفتگو کے ماہر اہل حیدرآباد ہی ہیں اور وہ جب آپس میں گفتگو کرتے ہیں تو سننے والوں کے لیے الگ ہی مزہ پیش کرتے ہیں۔ ادھر جب سے حیدرآبادی لب ولہجے کی فلموں نے شہرت حاصل کی ویسے ہی حیدرآباد سے تعلق رکھنے والے یوٹیوبرس بھی حیدرآبادی بول چال میں نئے الفاظ کو شامل کرنے میں پیش پیش نظر آتے ہیں۔ زبان کے تعلق سے لسانیات کے ماہرین کہتے ہیں کہ ہر چالیس میل بعد کسی علاقے کا پانی اور زبان میں فرق آجاتا ہے۔ لیکن یہاں حیدرآبادی نوجوانوں نے اپنی مخصوص گفتگو سے اس خیال کو بدل دیا کہ ہم حیدرآبادی جس انداز سے گفتگو کرتے ہیں اس کے لیے حیدرآباد کا علاقہ ہی کافی ہے۔ اور یہاں کی بول چال صرف یہیں کے لوگ سمجھ سکتے ہیں۔ ایک نوجوان جب سج سنور کر کہیں دعوت میں پہنچتا ہے تو اس کے دوست کہتے ہیں کراک دکھ رے ماما موت ڈال دیئے کاں سے لیے یہ ڈریس۔ یہ موت ڈال دینا لوگوں کو متاثر کرنے کے معنوں میں استعمال ہوتا ہے۔ کبھی کہا جاتا ہے کہ بنداس دکھ رے۔ جب دعوت میں دو وقت بھوکا رہ کر مزے دار پکوانوں پر نوجوانوں کی ٹیم ہاتھ صاف کرتی ہے تو دوسرے دن اس کا تذکرہ یوں ہوتا ہے کہ فلاں کی دعوت میں گیا تھا آئٹماں کراک بنے تھے وہ سوتا وہ سوتا کہ بھائی لوگ دیکھتے رہ گئے۔ یہاں سوتا سے مراد دبا کے کھانے کے ہیں۔ حیدرآبادی نہاری پائے اب دعوتوں میں خوب چلتے ہیں تین گوشتہ نہاری یہاں کی خاص پہچان ہے۔ اولڈسٹی کا نوجوان اس کا منظر یوں بیان کرتا ہے کہ بیرا جیسے ہی نہاری کا کٹورا لایا دیکھتے ہی زبان لپ لپاری تھی۔ ارے ارے کیا دھوم پکوان تھا بھائی۔ خوب دبا

کے ٹکایا۔ نوجوان یہ انداز گفتگو رات کے چبوتروں کی بیٹھک سے سیکھتے ہیں۔ اور اسی گفتگو کو یوٹیوب کے مزاحیہ پروگراموں میں پیش کرتے ہیں۔ دونوجوان جھگڑ رہے ہیں ایک کہتا ہے کہ بگین کی میری کیا بول رارے پنڈے میں ملادیتوں۔ اب یہ کیا انداز گفتگو ہے یہاں کہ نوجوان فوری سمجھ جاتے ہیں۔ بگین یہاں کے نوجوانوں کا تکیہ کلام ہے۔ کیا بگین کے باتاں کررارے۔ بگین میں ملادوں گا۔ بگین میں ملادیئے وغیرہ۔ حیدرآبادی دکنی لہجے میں ہونکو کتے کو سوشامل ہے۔ ماں بیٹے سے کہتی ہے تیرے کوسری لنکا میں پانی پڑرایا نئیں موسم کی اتی فکر ہے اگر یئی فکر پڑھائی پر کرتا تو کچھ قابل بن جاتا۔ دوعورتیں دعوت میں گفتگو کرتے ہوئے اگے سلطانہ دیکھ پتلی کی بیٹی کیسے مٹک ری۔ تیرے بیٹے کے لیے پوچھوں کیا۔ ائی نکو ماں انے بھوت اڈوانس دکھ ری۔ کاں لگالوں زندگی بھر کا وائتا گ۔ ہوتو سچی بولی۔ جب راستے پر کوئی رانگ سائیڈ گاڑی لے کر سڑک پار کرے تو سامنے والا حیدرآبادی بریک مارتے ہوئے کہتا ہے ارے کیا گھر سے بول کر نکلا واپس نئیں آؤں گا بول کے مرنا ہے کیا۔ اگر غلطی سے پیچھے والا سامنے والے کی گاڑی کو ٹھوک دیا تو سامنے والا کہتا ہے اندھا ہوگیا کیا دیکھ کے چلا بتیسی اندر کردوں گا کیا سمجھ را۔ گاؤں کا گنوار دکھ را حیدرآباد پہلی مرتبہ آیا کیا۔ جب بات واقعی گھونسا بازی چپل بازی پر آتی ہے تو اس کا منظر یوں بیان کیا جاتا ہے کہ وہ دیا وہ دیا کے دن میں تارے دکھا دیئے زندگی بھر نئیں بھولتا اب انے۔ حیدرآبادی کوسنے بھی مشہور ہیں۔ ساس بہو کو کس طرح کوستی ہے۔ ماں بیٹے کو کس طرح کوستی ہے اس کا بھی الگ ہی مزہ ہے۔ بہو دیر تک سوکر اٹھے تو کہا جاتا ہے اٹھ گئے شہزادی بیگم ۔اماں کا گھر سمجھے کیا، صبح جلدی اٹھنا نئیں معلوم شوہر کو ناشتا کون بنا کے دیتے۔ جب بہو کو گول روٹی ڈالنے نہیں آیا تو ساس کہتی ہے کہ روٹی بیلنا بھی نئیں سکھائی تماری اماں یہ کیا انڈیا کا نقشہ بنا دیئے۔ ایک ساس نے دیکھا کہ اس کی بہو کو پیاز کاٹنے اور پالک کی بھاجی کاٹنے کا سلیقہ نہیں تھا اس نے بہو کے کان پکڑے بے ڈھنگی کٹی ترکاری کور میں ڈالی اور آٹو میں بہو کو بٹھا کر ساس کے گھر لے گئی اور بولی دیکھو تمہاری لاڈلی کے چلن اس کو پیاز کاٹنے نئیں آتا یہ اچ سکھائے اس کو۔

دوعورتیں آپس میں اپنی بہو کی شکایت کرتے ہوئے کہتی ہیں ہماری سلطانہ اجاڑصورت۔گھر میں جب سے داخل ہوئی گھر کو انگار لگادی۔ ماں باپ بیٹے کو بڑا کر کے دیئے اب انے قبضہ کرتے ہوئے بولتی میرے شوہر گھر بنائے سو ہے یہ ہمارا ہے۔دوسری کہتی ہے کہ ہماری بہو بھی کچھ کم نئیں ماں۔روز باہر جاتی شاپنگ کرتی ہوٹل میں کھاتی سوئیگی سے کھانے منگاتی اور میرے بیٹے کو کنگال کردے ری۔ ماں رات دیر تک جاگ کر دن بھر سونے والے بیٹے کو کوستے ہوئے کہتی ہے اجاڑ صورت اٹھتا اب شام ہوری ایک ٹائم کا کھانا بچ گیا تیری دلندر نیند سے۔فون کے بارے میں کہتی ہے اب اس کو بازو رکھ دشمن ہوگیا یہ ہم سب کا۔ چپ چاپ فون رکھ کے کھانا کھائیں تو فرش پر پٹخ کر تکڑے تکڑے کردیتیوں۔ائی وائیناگ۔ پورے پٹے پٹیاں فون میں گھسے رہتے کیا تو بھی گھورتے کی دن رات۔ یہ نوجوان جب فون پر مسیج کرتے ہیں تو ان کے انداز ہی نرالے ہوتے ہیں۔زبان کو شارٹ کٹ بنادیئے کسی کو لول لکھ دیتے ہیں پتہ چلا کہ یہ لاٹ آف لو ہے۔ کسی کو گریٹ لکھنا ہے تو جی آر کے بعد آٹھ لکھ دیتے ہیں۔ ہر موقع کی ای موجی ہے کبھی ہنسی کی کبھی رونے کی۔کبھی انگھوٹھا تو کبھی ہف فائل جس میں تالیاں ماری جاتی ہیں اور بہت کچھ۔گفتگو میں انگریزی الفاظ بھی استعمال ہوتے ہیں کسی کو کہا جاتا ہے اور لائٹ لو یار و گردے پر کیوں لے رے۔ ماما بھی یہاں کے نوجوانوں کا تکیہ کلام ہوتا ہے۔کیا کرر ے ماما چلو ہوٹل میں ہریس کھا کر چائے پیئیں گے۔ پان کی دکان پر پان کے آرڈر بھی دینے کے طریقے الگ الگ ہیں کہا جاتا ہے دو پان چھیٹا کم بابا چھیٹا دوسو چار۔ یہ کوڈ زبان ہوتی ہے اور ڈبے والا اچھی طرح پہچانتا ہے۔ ہر پیشے کے اعتبار سے ہر ایک کی زبان کے کچھ الفاظ ہوتے ہیں گوشت کی دکان پر رواز گوشت ۔کریلی کا گوشت نکھا وغیرہ قریشی ہی جانتے ہیں۔مزدوروں کی الگ بول چال تو دفتری بول چال الگ۔ بہرحال حیدرآبادی گفتگو میں آسانی چاہتے ہیں وہ شمالی ہند کی کھڑی بولی کی طرح جناب مزاج گرامی بخیر ہیں بولنے کا صبر نہیں رکھتے انہیں تو بس کہنا ہوتا ہے کیا ماما کیسے ہو؟ اہل حیدرآباد اب ساری دنیا میں اس مخصوص لہجے سے اپنی شناخت بنا چکے ہیں۔

لیڈیز فرسٹ

اقبال نے وجود زن سے ہے کائنات میں رنگ کہہ کر عورت ذات کو ہمیشہ کے لیے اپنے آپ پر فخر کرنے کا موقع فراہم کر دیا کہ ہم عورتیں ہیں اور سماج میں ہمیں مخصوص فوقیت اور برتری اور مردوں پر حکم چلانے کی آزادی حاصل ہے۔ایک زمانے تک عورت گھر کی ملکہ تھی اور مرد بیرونی سماج میں اپنی اجارہ داری رکھتا تھا لیکن گزرتے زمانے کے ساتھ مغربی افکار کی حامل عورت مردوں کے شانہ بہ شانہ ترقی کرنے کے عزم کے ساتھ دنیا کے کاروبار میں اپنا عمل دخل دکھانے لگی اور عورت زمین سے خلا تک پہنچ گئی۔اب ہندوستان میں تو عورتوں کے تحفظات کا بل پاس ہو گیا ہے اور اب عورتیں اپنی مخصوص تعداد کے ساتھ حکومت کے ایوانوں میں نظر آئیں گی چاہے ان کا گھر ان کے مرد چلائیں لیکن عورتیں تو اب سبھا کی پری بن کر رہیں گی۔عورتوں کے ساتھ ان سے اظہار ہمدردی کرتے ہوئے انہیں سماج میں آگے بڑھانے کی کوشش کی جاتی ہے اس لیے لیڈیز فرسٹ کی بات ہر کسی کے ذہنوں میں رہتی ہے۔لیکن سماج میں کچھ عورتیں ایسی ہوتی ہیں جو مفاد پرستی کے زمرے میں آتی ہیں وہ نہیں چاہتیں کہ مردوں کی برابری کرنے کے ذہن کے ساتھ وہ مردوں کی طرح سخت محنت بھی کریں گی۔انہیں خاتون ہونے کے سبب سماج میں جو ہمدردی ملتی ہے وہ اس ہمدردی کا بھرپور فائدہ اٹھانا چاہتی ہیں۔ایسی ہی ایک خاتون سے پوچھا گیا کہ کیا آپ کو مردوں کے برابر حقوق ملنے چاہیں۔تو اس نے ایک حیران کن جواب دیا۔اس نے کہا کہ مجھے برابر کے حقوق نہیں چاہئیں۔ جب اس خاتون سے تفصیلات طلب کی گئیں کہ کیوں انہیں برابری نہیں چاہئے تو اس نے جواب دیا کہ میرا جائیداد میں باپ کی طرف سے حصہ ہے بھائی کی طرف سے حصہ ہے بیٹے کی طرف سے حصہ ہے خاوند کی طرف سے حصہ ہے جب میں مردوں کے برابر آ جاوں گی تو میں ان حقوق سے محروم ہو جاوں گی میں کسی جگہ

جاب کرتی ہوں تو مجھے جاب میں سہولت دی جاتی ہے۔ لیڈیز فرسٹ کا خیال رکھا جاتا ہے۔ عورت ہونے کے سبب دو مرتبہ تنخواہ کے ساتھ میٹرنیٹی لیو ملتی ہے۔ ہر سال مردوں سے زیادہ رخصت ملتی ہے۔ عالمی یوم خواتین پر خصوصی تعطیل ملتی ہے۔ افسران بھی عورتوں پر مہربان رہتے ہیں کام کا بوجھ کم رہتا ہے اور خصوصی نظر کرم رہتی ہے ہم لوگوں پر۔ مردوں کی طرح برابر کے حقوق میں میرا نقصان زیادہ ہے۔ اسی طرح دوران سفر لیڈیز کے لیے سیٹیں اچھی خاصی تعداد میں مختص ہوتی ہیں اگر کوئی لیڈیز سیٹ پر مرد بیٹھ جائے تو ہم اسے اٹھا کر سیٹ پر بیٹھنے کی طاقت رکھتے ہیں۔ ہمارے لیے کام کی جگہ پر الگ سے بیت الخلاء ہوتے ہیں۔ بنک ہسپتال مارکیٹ ہر جگہ لیڈیز فرسٹ کہ اصول پر مجھے ریلیف مل جاتا ہے۔ ملازمتوں میں خواتین کے لیے تحفظات کا الگ زمرہ ہوتا ہے اور ہمیں ملازمت کے حصول میں آسانی ہو جاتی ہے۔ میں نہیں چاہوں گی کہ ملازمت کے لیے مجھے مردوں سے مقابلہ کرنا پڑے۔ میں ابو سے ملنے جاؤں تو وہ کھڑے ہو کر ملتے ہیں اور دعا دیتے ہیں۔ وہ بھائی کو بیٹھے بیٹھے سلام کر لیتے ہیں ہم شہر سے باہر کہیں جائیں تو مجھے بس اپنا اپنا ہینڈ بیگ پکڑنا ہوتا ہے، اور بس، باقی سامان بیٹے جانیں اور انکے پاپا۔ ایک بار راستے میں گاڑی رک گئی تھی، تو مجھے سٹیرنگ تھما کر بیٹے اور میاں نے دھکا لگایا، برابر کے حقوق ہوتے تو مجھے بھی دھکا لگانا پڑتا سبھی بڑے اور بھاری کام خود بخود مردوں پر جا پڑتے ہیں مجھے کبھی بل ادا کرنے نہیں جانا پڑتا، کبھی پینٹ والے کے پیچھے نہیں دوڑنا پڑتا، کبھی الیکٹریشن کے ساتھ دماغ کھپائی نہیں کرنی پڑتی، کمانے کی ذمہ داری کبھی میری نہیں رہی، میاں کو ہی کمانے کے لیے نکلنا ہے میں کبھی بھی کہہ دوں آج کچھ نہیں پکایا، گرمی لگ رہی تھی، یا موڈ نہیں تھا تو بازار سے کھانا آ جاتا ہے، کوئی زبردستی نہیں ہے،،، لیکن مردوں کو کام سے چھٹی نہیں ہے شوہر کی انکم پر مجھے حق حاصل ہے، میری انکم پر صرف میرا حق ہوتا ہے۔ میرا لباس مردوں سے مہنگا ہوتا ہے، میرے جوتے کپڑوں کی تعداد ان سے زیادہ ہوتی ہے۔ ووٹ ڈالنے جاؤ عورتوں کے لیے الگ قطار۔ ٹرین میں عورتوں کے لیے الگ ڈبہ۔ عورتوں کے لیے مخصوص بس جس کا صرف ڈرائیور ہی مرد

ہوتا ہے۔ باقی سب خواتین مسافر' جہاں کہیں مفت کی سوغات بٹتی ہے تو عورتوں کو آگے بڑھایا جاتا ہے کہ بھائی پہلے خواتین کو لینے دیں۔ یہ اوراس طرح کے ایسے بے شمار فایدے مجھے حاصل ہیں، میں برابر کے حقوق لیکر گھاٹے کا سودا کروں گی؟؟؟اتنی پاگل لگتی ہوں کیا؟؟؟عورت کی اس ہوشیاری کا مردوں کو پتہ لگے گا یانہیں یا مرد ایسے ہی بے وقوف بن کر گھر اور عورت کی خاطر دن رات محنت کرے گا ہوٹل کا کھائے گا گھر آ کر بھی کام کرے گا۔ یا عورتوں کو بھی برابری دے گا ۔ایک صاحب بیوی کے ڈر سے برتن دھو رہے تھے کسی نے اظہار ہمدردی کرتے ہوئے کہا کہ آپ دوسری شادی کیوں نہیں کر لیتے اس نے معصومیت سے جواب دیا میں دو گھروں کے برتن نہیں دھو سکتا۔ بہر حال آج پتہ چلا کہ عورت کس قدر چالاک ہے کہ وہ آرام بھی چاہتی ہے اور لیڈیز فرسٹ کی سہولت بھی۔

اچھے دن

اچھے دنوں کی آمد ایک ایسا خواب ہے جو کبھی پورا نہیں ہو سکا۔ لوگ اپنے اکاؤنٹ میں پندرہ لاکھ جمع ہونے، بچوں کو ملازمتیں ملنے اور مہنگائی کم ہونے کا انتظار کرتے کرتے دس سال بوڑھے ہو گئے لیکن اچھے دن کہاں رہ گئے پتہ نہیں لیکن ہم آپ کو یہ خوش خبری دے رہے ہیں کہ اچھے دن آنے والے نہیں بلکہ اچھے دن آ گئے ہیں اور اچھے دن چل رہے ہیں۔ اب لوگوں کو ظلم سہنے کی اتنی عادت ہو گئی ہے کہ ان پر کیا اچھا ہو رہا ہے انہیں اس کی خبر نہیں پاپی پیٹ کا سوال ہے لوگ دن رات کولھو کے بیل کی طرح اپنا گھر سنسار چلانے میں اتنے مصروف ہیں کہ انہیں اپنے آس پاس ہونے والی تبدیلیوں کی کچھ خبر ہی نہیں۔ ہماری ریاست میں چپکے سے پانچ سال گزر گئے۔ بڑی بڑی عمارتیں بنیں سڑکیں اچھی ہو گئیں اور بہت کچھ۔ اور سیاست دانوں کی زندگی میں پانچ سال کی تکمیل بہت اہم ہوتی ہے۔ کیوں کہ الیکشن کا زمانہ آ جاتا ہے اور ہماری ریاست میں بھی چپکے سے انتخابات کا اعلان ہو چکا ہے۔ تو ہم اچھے دنوں کی بات کر رہے تھے کہ جیسے ہی انتخابات کا اعلان ہو جاتا ہے الیکشن کمیشن کی جانب سے مثالی ضابطہ اخلاق نافذ ہو جاتا ہے۔ اس میں حکومت مفاد عامہ کے اعلانات نہیں کر سکتی۔ لیکن اچھے دنوں کے اعتبار سے دیکھا جائے تو اس ضابطہ اخلاق کے نفاذ تک حکومت مہنگائی بھی نہیں بڑھا سکتی۔ یہ اس کی مجبوری ہے کیوں کہ اسے ووٹ کی بھیک کے لیے عوام کے سامنے ہاتھ جوڑ کر جانا ہے۔ مرکزی حکومت کے لیے بھی اگلے چار چھ مہینوں میں انتخابات ہونے والے ہیں تو سمجھو اس مدت تک عوام کو یہ گیارنٹی دی جا سکتی ہے کہ مہنگائی نہیں بڑھے گی۔ بلکہ کچھ چیزوں کی قیمتیں کم بھی ہو سکتی ہیں۔ جیسے حال ہی میں گیس کی قیمت میں کمی کی گئی۔ انسان کی روز کی ضرورت جیسے غذا ہے ویسے ہی اس کے چلنے پھرنے کے لیے گاڑی میں پٹرول ڈالنا بھی ضروری ہے اور یہ در بدر کے چکر مارنے والے عام آدمی کو پتہ ہی

نہیں کہ گزشتہ کچھ مہینوں سے پٹرول کی قیمت میں اضافہ نہیں ہوا یہ اچھے دن نہیں تو اور کیا ورنہ رات دن پٹرول کی قیمت میں روپیہ دو روپیہ بڑھتا ہی جارہا تھا یہ اور بات ہے کہ تیل کی عالمی منڈی میں خام تیل کے دام فی بیرل اتنے کم ہیں کہ ہندوستان میں موجودہ قیمت سے آدھی قیمت پر پٹرول مل سکتا ہے لیکن جب پٹرول کو سستا کردیا جائے تو لوگوں کی جیب میں جو تنخواہ ہے اس کا کیا کریں گے اسے تو کم نہیں کرسکتے اس لیے پٹرول صرف اوپر کی طرف بڑھتا ہے گھٹتا نہیں ہے۔ بازار کا حال دیکھے تو خوردنی تیل چاول شکر اور دیگر استعمال کی چیزوں کے دام بھی رکے ہوئے ہیں اور ساہوکار منتظر ہیں کہ جیسے ہی الیکشن کا موسم ختم ہوجائے پھر بجلی کی تیزی سے چیزوں کے دام بڑھا دیئے جائیں۔ اچھے دن کا حساب ہم چائے کی قیمت سے بھی لگا سکتے ہیں۔ حیدرآباد میں چائے بیس روپے اور اضلاع میں دس روپے ہے اور چائے کی یہ قیمت گزشتہ سال چھ مہینے سے اسی قیمت پر دستیاب ہے۔ روز کی چائے بھی ہمیں احساس دلاتی ہے کہ اچھے دن چل رہے ہیں ڈرنے کی بات نہیں۔ گھر میں کام والی بھی اپنی ماہانہ تنخواہ بڑھانے کا تقاضہ نہیں کررہی ہے اسے بھی احساس ہے کہ اچھے دن چل رہے ہیں اور اس کا گزارا دو چار گھروں سے ملنے والی تنخواہ سے ہو جارہا ہے۔ کرائے کے گھروں میں مندی کا ماحول ہے بہت سی بڑی بڑی بلڈنگوں میں فلیٹ خالی ہے اور مالک مکان معمول سے کچھ کم ہی فلیٹ کرایہ پر دینے کو تیار ہیں۔ اس سے بھی اندازہ ہوتا ہے کہ مہنگائی کی مار رکی ہوئی ہے اور ہم اپنی جیب کی سکت کے اعتبار سے اچھا سا گھر کرایہ پر لے کر رہ سکتے ہیں۔ اچھے دنوں کا ایک نظارہ ٹولی چوکی سالار جنگ کالونی پر موجود ہوٹلوں میں رات کے وقت ہوٹل کا کھانے والوں کے ہجوم سے لگایا جاسکتا ہے کہ کیا نوجوان کیا برقعے والے کیا مولانا لوگ سب ہوٹلوں میں رات کا کھانا کھانے کے لیے پہنچ رہے ہیں اور ٹیبل خالی نہیں ہے تو انتظار کرنا پڑ رہا ہے۔ فی کس تین سو روپے کے حساب سے اچھا مغلائی کھانا لوگوں کے لیے بھاری نہیں لگتا اور وہ بھی اچھے دنوں کا سوچ کر ہوٹل میں کھانے لگے ہیں یا سوئیگی زوماٹو سے گھر بیٹھے منگوا کر کھا رہے ہیں۔ پارکوں میں چھل پہل ہے بازاروں میں رونق ہے شادیاں

وہی دھوم دھام سے ہو رہی ہیں اور لاکھ مساجد میں بیان دیں کہ سادگی اختیار کرو لوگ ماننے تیار نہیں دنیا میں لوگ اپنی زمین کے لیے جانوں کی قربانی دے رہے ہیں اور یہاں لوگ بکرے مرغوں کی قربانی دے کر اچھے دنوں کی خیر منا رہے ہیں۔ اچھے دن یعنی الیکشن کے دنوں میں آپ کو اپنے ہر دلعزیز لیڈر کو دیکھنے کا موقع ملے گا جس کے لیے گزشتہ پانچ سال سے آنکھیں ترس رہی تھیں لیڈر صاحب گلی گلی پیدل دورہ کریں گے آپ کی گلی میں بلدیہ کے مسائل حل ہوں گے۔ نل کا پانی زیادہ دیر تک آئے گا۔ اور گاؤں میں تو غریبوں کی تری ہی تری ہے کہ ووٹ کسی کو دو یا نہ دو ہر پارٹی کی جانب سے اسے ووٹ کے بدلے نذرانہ مل جائے گا کچھ مہینوں کے لیے مزدور گھر بیٹھ کر کھائے گا کیوں کہ پتہ نہیں اسے صبح کس پارٹی کے لیے شام کس پارٹی کے لیے گاڑیوں میں بھر بھر کر اسے شہر لے جایا جائے گا دو وقت کی بریانی اور شراب کی بوتل جو مفت میں ملے گی۔ ان سب باتوں کو دیکھ کر پانچ سال تک مہنگائی کی مار سہنے والے عام آدمی کے دل کی یہی خواہش رہے گی کہ کاش زندگی بھر انتخابات کا موسم چلتا رہے حکومت ووٹ کی خاطر قیمتیں نہ بڑھائے۔ اور اس کے اکاؤنٹ میں بھلے ہی پندرہ لاکھ نہ آئے ہوں لیکن مہنگائی رکی رہے یہی اسے کے اچھے دن سمجھے جائیں گے۔

ماڈرن بھکاری!

پیسہ انسان کے لیے بے حد ضروری ہے۔ اس کی روزمرہ کی ضروریات کی تکمیل کے لیے پیسہ چاہیے۔ پیسہ کمانے کے لیے انسان کو ہنر سیکھنا پڑتا ہے محنت مزدوری کرنا پڑتا ہے تب کہیں اس کی جیب میں کچھ دم آتا ہے اور وہ اپنی مرضی کی چیزیں خرید کر ضروریات زندگی کی تکمیل کرسکتا ہے۔ پیسہ کمانے کا ایک شارٹ کٹ طریقہ بھیک مانگنا ہے۔ بھیک مانگنا شریف لوگوں کا کام نہیں لیکن تن آسان لوگوں کے لیے کہاں کی عزت کہاں کی شرافت وہ تو چاہتے ہیں کہ کسی طرح لوگوں سے کچھ مانگ لیا جائے۔ بھیک مانگنے کے لیے فقیر شہروں کا رخ کرتے ہیں کیوں کہ شہروں میں دولت مند سرمایہ دار زیادہ ہوتے ہیں۔ انہیں ثواب کے کام کرنے کی فرصت نہیں ہوتی تو وہ راہ چلتے ٹریفک سگنل پو موجود غربا کو اپنی کار میں رکھے چلر پیسے یا چھوٹے نوٹ نکال کے دے دیتے ہیں اور اس طرح صبح سے شام تک ایک فقیر کی بھی اچھی آمدنی ہو جاتی ہے۔ اور کار میں بیٹھے امیر کو بھی ثواب مل جاتا ہے۔ کہا جاتا ہے کہ حیدرآباد میں مہدی پٹنم پر ایک معذور نوجوان فقیر ہے جس کی بھیک سے اتنی آمدنی ہے کہ وہ ہندوستان کا ٹور کر چکا ہے اور اس کا اچھا خاصہ بنک بیلنس بھی ہے۔ تو ہم آج ذکر کرنا چاہ رہے تھے ماڈرن فقیر کی۔ تو سنئے جناب یہ ماڈرن فقیر کہیں اور نہیں بلکہ یہ کمپیوٹر اور فون کے اسکرین پر آن لائن نظر آتے ہیں۔ جب سے یوٹیوب عام ہوتا گیا اور اس نے اچھے ویڈیو بنانے والوں کے ویڈیو پر اشتہار چلانا شروع کیا تو اس سے ویڈیو بنانے والوں کو گھر بیٹھے پیسے کمانے یا یوں کہیے بھیک کمانے کا ایک آسان اور نیا طریقہ مل گیا۔ ایک زمانے تک ہمیں کچھ اندازہ نہیں تھا کا ہرایرا غیرہ نتھو غیرہ اپنے یوٹیوب ویڈیو کے آغاز میں اور اختتام میں بھیک مانگنے کے تین بول بولتا ہے یعنی ہمارے ویڈیو کو لائک کیجیے سبسکرائب کیجیے اور شئر کیجیے۔ ہم نے کافی عرصے تک نہ لائک کیا نہ سبسکرائب کیا نہ شئر کیا۔ کہا

جاتا ہے کہ ٹیکنالوجی کے معاملے میں گھر کے بڑے بوڑھوں سے زیادہ جانکار گھر کے بچے ہوتے ہیں۔ جب ہم نے ہمارے فرزند سے پوچھا میاں یہ لائک سبسکرائب شئر کے بھکاریوں کا معاملہ کیا ہے تو بیٹے نے کہا کہ یوٹیوب کی ایک الگورتھم ہوتی ہے یعنی اس کا مزاج کے اگر ہم کسی ویڈیو کو لائک کرتے ہیں تو یوٹیوب سمجھتا ہے کہ یہ ویڈیو کارآمد ہے اسے اور کئی لوگوں کو دکھانا چاہئے اس طرح کوئی ویڈیو دنیا بھر کے ناظرین کو پہلے نظر آتا ہے۔ شئر کا مطلب پوچھے تو بتایا گیا کہ جب آپ نے دس منٹ کا ویڈیو دیکھا اور شئر کیا تو آپ کے دوست بھی دیکھیں گے یہ نئے زمانے کے یوٹیوب فقیر ہیں۔ ان کے ویڈیو جتنے زیادہ لوگ دیکھیں گے ان پر اشتہارات بھی زیادہ لوگوں تک پہونچیں گے اور یوٹیوب اپنی آمدنی کا کچھ حصہ ان آن لائن بھکاریوں کی جھولی میں ڈال دے گا۔ اور آج ہم دیکھ رہے ہیں کہ ہمارے حیدرآباد کے نوجوان مزاحیہ یوٹیوبرس جو ویڈیو بنا رہے ہیں وہ یوٹیوب پر آتے ہی ہمارے اسکرینوں پر نظر آنے شروع ہوجاتے ہیں اس کے لیے بھی یہ یوٹیوبر بھکاری کہتے ہیں کہ بل آئیکان پر گھنٹی دبائیں اس سے جو بھی نیا ویڈیو لگے گا اس کا نوٹی فکیشن اسکرین پر آئے گا۔ سبسکرائب کا بھی یہی معاملہ ہے کہ یہ بھکاری چاہتے ہیں کہ لاکھوں کی تعداد میں ان کے دیکھنے والے ہوجائیں تو ایک دو دن میں ان کا ویڈیو لاکھوں لوگ دیکھ لیں گے اور انہیں یوٹیوب کی بھیک سے ہزاروں کی آمدنی ہوجائے گی۔ اس طرح کے یوٹیوب کے ماڈرن بھکاری جنہیں ماڈرن زبان میں یوٹیوبر ٹک ٹاکر اور پتہ نہیں کیا کہیں گے یہ مردے پر بھی فاتحہ پڑھنے سے نہیں چوکتے۔ لوگوں کی فطرت ہوتی ہے کہ سماج میں کچھ بھی واقعہ یا حادثہ ہوجائے تو گوگل میں اس نام سے سرچ کرتے ہیں اور یہ ماڈرن بھکاری اس نام کا ویڈیو بنا کر اپنی بھیک میں اضافہ کرتے جاتے ہیں۔ کچھ لوگ میاں بیوی کے لطیفے بنا رہے ہیں کچھ پکوان کے طریقے کچھ مختلف علاقوں کی سیر کرا رہے ہیں تو کچھ اسلامی باتوں کو کاروبار کا ذریعہ بنا رہے ہیں ایک صاحب سے ہم نے اپنے بچے کے لیے کچھ کاروبار کے نئے طریقے پوچھے تو انہوں کہ کہا کہ اسلامی باتوں کی ریل بنایئے لوگ آج کل اپنے اسکرین پر ہی اسلام سیکھ رہے ہیں ویڈیو چل

جائیں گے اور پیسے ملنا شروع ہو جائیں گے۔ کچھ مولانا لوگ بھی ہیں جن کے چٹکلے بھرے بیانات سے بھی ان کی لاکھوں کی آمدنی ہو رہی ہے۔اب یہ آمدنی جائز ہے یا ناجائز یہ یوٹیوب کے مولوی ہی جانیں۔لیکن ان ماڈرن بھکاریوں سے زمانہ تنگ آ گیا ہے۔آن لائن پیسے کیسے کمائیں اس کے سینکڑوں ویڈیو دستیاب ہیں لوگ لالچ میں آکر ان کا ویڈیو دیکنا شروع کر دیتے ہیں اور وہ اپنی باتوں میں ایسے گھیر لیتے ہیں کہ کہتے ہیں ویڈیو انتھ تک دیکھئے ورنہ آپ سمجھ نہیں پائیں گے اور جب ویڈیو کا انتھ ہوتا ہے تو دیکھنے والے کا ابھی انتم سنسکار ہو جاتا ہے کہ وہ سمجھ ہی نہیں پاتا کہ آن لائن پیسے کیسے کما سکتے ہیں۔ایک لڑکی نے پرانے فلمی گانے پر ڈانس کیا اس کا ڈانس ایسا مشہور کر دیا کہ اس نے چند دن میں اسی یوٹیوب سے لاکھوں کما لیے ایک صاحب پکوان کے طریقے بتانے کے دوران بار بار بسم اللہ پڑھتے ہیں ان کی ادا لوگوں کو ایسی پسند آ گئی کہ ان کے دیکھنے والے تیس لاکھ ہیں۔ ماڈرن بھیک مانگنے کا ایک نیا طریقہ کسی بیمار یا مظلوم کا درد بھرا ویڈیو بنانا ہے کہ اس میں اپیل کی جاتی ہے کہ آپ دیئے گئے گوگل پے پر رقم بھیجیں آپ کو بھرپور اجر ملے گا جب سے فون کے ذریعے رقم کی ادائیگی کی سہولت آ گئی ہے گھر بیٹھے ثواب کمانے کا چلن بھی عام ہو گیا ہے لوگ جی پے کھولتے ہی کچھ نہ کچھ رقم فارورڈ کرنے لگتے ہیں۔

معلوم ہوا کہ اس میں بھی فراڈ ہوتا ہے اور آدھی رقم فراڈیا رکھ لیتا ہے اور آدھیر رقم مظلوم کو دی جاتی ہے۔کبھی کسی کی مدد کا ویڈیو بنا کر اور کبھی دواخانے کے سامنے غریبوں کو کھانا بانٹ کر ویڈیو بنایا جاتا ہے اور بعد میں ثواب کے کام کے نام پر معصوم بھولے بھالے لوگوں سے رقم وصول کی جاتی ہے۔تو سن لیجئے صاحبو کہ یہ ماڈرن بھکاری نہ صرف یوٹیوب پر آپ سے لائک شئر سبکسرائب کی بھیک مانگیں گے بلکہ مظلوموں کے جھوٹے ویڈیو بنا کر آپ کو بے وقوف بنائیں گے اس لیے حقیقی ضرورت مندوں کو تلاش کیجئے اور ان تک پہنچ کر خیرات بانٹئے۔اور آن لائن بھکاریوں سے چوکنا رہیں۔

نوٹوں کی گرمی!

انسان کو جو گرمی سب سے زیادہ پسند ہے ان میں ایک نوٹوں کی گرمی ہے۔ جب اس کے جیب میں کچھ کڑک نوٹ ہوتے ہیں تو انسان اپنے آپ کو گرم اور بادشاہ محسوس کرتا ہے اور یہ سمجھتا ہے کہ وہ بازار جا کر اپنی مرضی کی جو چاہے چیز خرید سکتا ہے یہ اور بات ہے کہ اب نہ پانچ سو کے نوٹ کی اہمیت رہ گئی ہے اور نہ ڈھیر سارے نوٹوں کی وقعت۔ پچھلے زمانے میں ہمارے بزرگوں کی زبانی سنا کرتے تھے کہ کیا خوشحالی تھی ایک آنہ دو آنے میں بہت کچھ آجاتا تھا۔ لوگ کچھ آنے لیے گھر سے نکلتے تھے اور تھیلی بھر تازہ ترکاری پھل اور دوسری ضروریات زندگی لے کر گھر آیا کرتے تھے اب گرانی کا یہ عالم ہے کہ تھیلا بھر نوٹ لے کر جاؤ بھی تو تھیلی بھر سامان نہ آئے۔ جب سے نوٹ بندی ہوئی اور پھر کووڈ کی وباء نے دنیا کو گھیرا نوٹوں کا استعمال دھیرے دھیرے کم ہوتا جارہا ہے اور اس کی جگہ آن لائن لین دین نے لینی شروع کردی۔ جب سے پے ٹی ایم' فون پے' گوگل پے آگئے ہیں اب نوٹوں کے حوالے سے وہ مزہ نہیں رہا۔ پہلے سرکاری ملازم پہلی تاریخ کو بادشاہ ہوا کرتا تھا جب وہ آفس کلکرک سے مہینے بھر کی تنخواہ کے نوٹوں کے بنڈل لیے بازار سے کچھ مٹھائی پھل خرید کر بادشاہ کی طرح گھر میں داخل ہوتا تھا مہینہ بھر بیگم سے ڈرنے اور اس کی باتیں سننے والا حکم دیتا تھا کہ بیگم چائے پیش کرو۔ بیگم بھی اس کا استقبال لالچ میں کرتی تھی کہاسے شاپنگ کے لیے صاحب سے نوٹ لینے ہیں۔ یہ اور بار ہے کہ تنخواہ ملنے کے دو دن بعد انسان کی گرمی اور نوٹوں کی تعداد کم ہونے لگتی ہے۔ جب صرف نوٹ ہی مستعمل تھے تو ہر کاروبار نوٹوں کے لین دین سے ہوا کرتا تھا۔ جب نوٹ جیب میں ہوں اور بندہ بس میں یا آٹو میں سفر کر رہا ہو تو بار بار اس کا ہاتھ جیب پر پڑتا تھا کہ کہین کوئی چور پاکٹ نہ مارلے۔ کچھ زیادہ ہی رقم بیگ میں لے کر سفر کر رہا ہو تو بیگ بس میں اوپر رکھنے کے بجائے اپنی گود میں رکھے گا لوگ کہیں گے بھائی

صاحب تکلیف کیوں اٹھا رہے ہو اوپر رکھ دو نہ تو کہے گا جی نہیں ٹھیک ہے۔ کوئی کامیاب تاجر ہو تو روز رات کو چمڑے کی تھیلی سے نوٹوں کے بنڈل نکال کر بیگم کو دے گا کہ دیوار میں لگے خصوصی لاکر میں یہ نوٹ رکھ دیں۔ بڑے تاجرین جو نوٹوں کے بنڈل گھروں میں رکھا کرتے ہیں وہ ہوتے تو گلابی یا نیلے لیکن انہیں بلیک منی کہا جاتا ہے کیوں کہ یہ حکومت کے محکمہ انکم ٹیکس کی نظر سے بچا کر گھروں میں رکھے جاتے ہیں۔ نوٹ بندی کے بعد حکومت نے دو ہزار کے نوٹ چلائے تھے اور لوگوں کو اچھا معلوم ہو گیا تھا کہ یہ دو ہزار کے نوٹ اسی بلیک منی کو گھروں میں رکھنے کے لیے نکالا گیا ہے تاکہ انتخابات کے وقت ان نوٹوں کو باہر لایا جائے اور لوگوں کو انتخابی جلسوں میں گاڑیاں بھر بھر کے زندہ باد کے نعرے لگانے کے لیے بلایا جائے۔ یہ سب اب دھیرے دھیرے ختم ہوتا جا رہا ہے۔ ان نوٹوں کی گرمی فون کے اس مسیج سے بدل گئی ہے جب بنک سے مسیج آتا ہے کہ آپ کے فلاں فلاں اکاؤنٹ میں رقم جمع ہوئی ہے۔ جب نوٹ لے کر انسان بازار کو جاتا تھا تو اسے اندازہ ہوتا تھا کہ اتنی رقم میں اتنا سودا لانا ہے اب چونکہ فون ہی اس کا جیب اور بنک ہو گیا ہے اور رقم اچھی خاصی اکاؤنٹ میں ہے تو بازار میں انسان کی خواہشیں غالب کے اس شعر کی طرح ہو جاتی ہیں کہ ہزاروں خواہشیں ایسی کہ ہر خواہش پہ دم نکلے بہت نکلے مرے ارماں مگر پھر بھی کام نکلے۔ پہلے ترکاری گوشت پھل اور کرانہ سودا لانے کے لیے الگ الگ دکانوں کو جانا پڑتا تھا لیکن اب بھلا ہو یا برا اس کاروباریت بھری دنیا کہ اب ساری ضروریات کی چیزیں ایک ٹھنڈے اے سی ہال نما مال میں مل جا رہی ہیں جہاں آپ کو ایک بنڈی لیے چلنا ہے اور خواہش ہو یا نہ ہو اپنی بنڈی میں پھل ترکاری دودھ دہی اور اشیائے خورد و نوش بھرنا ہے لائن میں ٹھہر کا حساب کتاب دینا ہے اور کیو آر کوڈ سے اشیاء کی قیمتیں کمپیوٹر میں جمع ہوتی جائیں گی اور تھوڑی سی اشیاء کا پانچ تا دس ہزار بل ہو گا فون نمبر بولتے ہی آپ کے پی ٹی ایم یا گوگل پے میں مسیج آئے گا اور آپ انگلیوں کی حرکت سے رقم اپنے فون سے دکان دار کو منتقل کر دیں گے۔ نہ نوٹوں کو اے ٹیم ایم سے نکالنے کی جھنجھٹ نہ انہیں محفوظ رکھنے کا ڈر بس رقم اپنے اکاؤنٹ میں ہو۔ اب عالم یہ ہو گیا ہے کہ

لوگ ایک چائے کی رقم بھی فون سے ادا کر رہے ہیں۔اور ریڑھی لگانے والا بھی اپنی بنڈی پر کیو آر کوڈ لگا رہا ہے۔ کچھ لوگ جلد بازی میں پرانا مسیج دکھا کر رقم ادا ہوگئی کی چوری کر رہے تھے اسے دور کرنے کے لیے بنک نے ایک بولتی مشین فراہم کردی ہے جب بھی کوئی گراہک فون سے رقم ادا کرتا ہے تو ایک خاتون کی کانوں کو بھلی لگنے والی آواز آتی ہے کہ ریسیوڈ پے ٹیم ایم پیمنٹ آف روپیس فور ہنڈریڈ اینڈ فارٹی اونلی۔اس طرح یہ کاروبار زندگی اب نوٹوں کی گرمی کے بغیر چل رہا ہے۔ پہلے لوگ اپنے اکاؤنٹ سے رقم نکالنے کے لیے بنک جایا کرتے تھے اس بہانے کچھ پرانے دوست احباب سے بنک میں ملاقات ہوجایا کرتی تھی بنک کا مینیجر بھی خان صاحب سے خیریت پوچھ لیا کرتا تھا اس کے بعد اے ٹیم ایم کی سہولت نے دن رات بنک کی سہولت فراہم کردی اور بس ایک کارڈ اور کچھ نمبروں کے کھیل سے مشین کی گھر گھر آواز کے ساتھ ہی نوٹ باہر نکل آتے تھے اب تو فون ہی سب کچھ ہوگیا ہے کہا جاتا ہے کہ حکومت آہستہ آہستہ کیش لیس کرکے آپ کو بھی کنگال بنانے کی فکر میں ہے کہ آخری زمانے میں دجالی فتنہ ساری رقم ڈجیٹل کرکے کسی دن کہہ دے گا کہ سرور کریش ہوگیا ہے آپ کی رقم محفوظ نہیں رہی اس لیے سیانے لوگوں کا کہنا ہے کہ بنکوں میں رقم رکھنے کے بجائے سونے یا ذاتی مکان کی صورت میں جائیداد رکھیں تاکہ نوٹ کی گرمی کی طرح آپ کو بھی احساس ہو کہ آپ مالدار ہیں اور آپ کے مال پر آپ کا قبضہ ہے ورنہ لاکھوں کروڑوں کی رقم صفروں کے ہوتے ہوئی بھی صفر ہوجائے گی اور آپ نوٹوں کی گرمی نہ ہونے کے سبب شدید گرمی بھی ٹھنڈے پسینے بہانے پر مجبور ہوجائیں گے۔

ڈاکٹر محمد اسلم فاروقی

کی تصنیف

سائنس نامہ

(اردو میں سائنسی مضامین کا مجموعہ)

شائع ہو چکی ہے